ITALIAN BUSINESS SITUATIONS

In the same series

*French Business Situations**
Stuart Williams and Nathalie McAndrew-Cazorla

*German Business Situations**
Paul Hartley and Gertrud Robins

*Spanish Business Situations**
Michael Gorman and María-Luisa Henson

Manual of Business French
Stuart Williams and Nathalie McAndrew-Cazorla

Manual of Business German
Paul Hartley and Gertrud Robins

Manual of Business Italian
Vincent Edwards and Gianfranca Gessa Shepheard

Manual of Business Spanish
Michael Gorman and María-Luisa Henson

*Accompanying cassettes available

ITALIAN BUSINESS SITUATIONS

A spoken language guide

Vincent Edwards
and
Gianfranca Gessa Shepheard

London and New York

Vincent Edwards is Head of Research at the Business School, Buckinghamshire College (A College of Brunel University).

Gianfranca Gessa Shepheard is a freelance translator.

In the preparation of this handbook every effort was made to avoid the use of actual company names or trade names. If any has been used inadvertently, the publishers will change it in any future reprint if they are notified.

First published 1995
by Routledge
11 New Fetter Lane, London EC4P 4EE

Simultaneously published in the USA and Canada
by Routledge
29 West 35th Street, New York, NY 10001

Typeset in Rockwell and Univers by Solidus (Bristol) Ltd
Printed and bound in Great Britain by TJ Press (Padstow) Ltd, Cornwall

British Library Cataloguing in Publication Data
A catalogue record for this book is available from the British Library

Library of Congress Cataloguing in Publication Data
A catalogue record for this book has been requested

ISBN 0–415–12846–3 (pbk)
ISBN 0–415–12847–1 (pack)

Contents

How to use this book

The spoken situations which follow are intended to cover a wide range of business interactions, from the brief and informal through to the more formal and prolonged exchange typical of the negotiating or interview situation. The user is encouraged not simply to read the situations together with their parallel English version, but to attempt, individually or in group work, with the help of the recording if applicable, the following exploitation exercises:

- using the original situations as models, construct dialogues on similar lines with the available vocabulary
- use the situations, or sections of them, as the basis for role-play exercises
- interpreting practice Italian/English, English/Italian
- practice in oral summary (i.e. listen to the recorded Italian version, and then summarize the content, in English or in Italian)
- oral paraphrase: listen to one version, then recount it using different expressions, but attempting to keep the same meaning
- transcription/dictation practice from the recording
- translation practice Italian/English, English/Italian

The material in the situations is intended as a basis for further expansion and exploitation, and is ideal for use in in-house training programmes, or in open learning centres, as well as for individual use.

Please note that English typesetting conventions have been followed throughout this book.

Sezione I
Section I

Al telefono
On the telephone

1 Making an enquiry

(a) Can I visit?

Maureen Simmons   Good morning. Robinson's Motors.

Mr Lewis   Hello, my name is Lewis. I've just seen your advert for the Riva 25s available on fleet terms. We've been looking for half a dozen vehicles at the right price for a while and your offer interests us.

Maureen Simmons   Fine. Would you like me to send you more information?

Mr Lewis   No, thanks. I'd rather come down to your salesroom this afternoon with a colleague to discuss the matter with you.

Maureen Simmons   No problem, Sir. My name is Maureen Simmons and I'll be available from 2.30. Can you give me your name again and your company, please?

Mr Lewis   Of course. It's Alan Lewis, from Stafford Electronics. I know where you are, so we'll be there for 2.30. See you then, goodbye.

Maureen Simmons   Thanks, see you later.

(b) What products do you sell?

Telephonist   Preece and Pritchard. Good morning.

James Davies   Good morning. Could you put me through to Sales?

Telephonist   Certainly. Just a moment.

Assistant   Sales, good morning. Can I help you?

James Davies   My name is James Davies, from Goodright Inc. Can you tell me if you sell water pumps?

Assistant   Yes, we do. Industrial and domestic.

James Davies   Can you send me a copy of your catalogue and price list?

Assistant   Certainly, just give me your address. We'll get it off to you later today.

1 Richiesta di informazioni

(a) Potrei venire?

Marisa Simone	Buongiorno. Rubino Automobili. Mi dica.
Carlo Luzzi	Buongiorno. Mi chiamo Carlo Luzzi. Ho appena visto il vostro[1] annuncio pubblicitario per la Riva 25 disponibile per parchi auto aziendali. Da qualche tempo vogliamo acquistare sei autovetture al prezzo giusto e la vostra offerta ci sembra alquanto interessante.
Marisa Simone	Benissimo. Vuole che le mandi altre informazioni?
Carlo Luzzi	No. Vorrei venire al vostro autosalone oggi, nel pomeriggio, con un collega per discuterne con voi.
Marisa Simone	Va bene. Mi chiamo Marisa Simone e sarò libera dalle 14.30 in poi. Può dirmi nuovamente il suo nome e quello della sua ditta?[2]
Carlo Luzzi	Sì, certamente. Mi chiamo Carlo Luzzi e lavoro per la società Staffi Elettronica. So già dove si trova il vostro autosalone. Arrivederla alle due e mezzo. Grazie.
Marisa Simone	Grazie a lei, arriverderla.

1 Note the use of 'vostro' etc. when referring to companies.
2 Alternatives to *ditta*: *società, azienda, impresa.*

(b) Che prodotti vendete?

Telefonista	Prizzi Pompe, buongiorno.
Giacomo Davizza	Buongiorno. Vorrei parlare con l'ufficio vendite.
Telefonista	Un attimo prego.
Impiegato	Ufficio vendite. Buongiorno. Mi dica.[1]
Giacomo Davizza	Sono Giacomo Davizza, dalla Benfatto SpA. Potrebbe dirmi se la Prizzi Pompe vende pompe idrauliche?
Impiegato	Sì, le vendiamo, di tipo industriale e domestico.
Giacomo Davizza	Potreste spedirci[2] una copia del vostro catalogo e listino prezzi?
Impiegato	Certo, può darmi l'indirizzo della Prizzi Pompe? Ve lo spediamo oggi stesso.

1 Literally, *please tell me.*
2 Alternative: *inviarci.*

2 Ordering

(a) Placing an order

Tracy	DIY Stores, Tracy speaking. How can I help you?
Customer	I should like to order some plywood please.
Tracy	Certainly sir, putting you through.
Wood department	Wood department.
Customer	I would like to order quite a large quantity of plywood.
Wood department	Certainly sir. Do you know what quality or can you tell me what it is for?
Customer	The purpose is to make shelving and the quality should be good enough to hold books.
Wood department	Right then I would suggest three-ply 1½ cm thickness. How many metres do you want to order?
Customer	I need 150 metres. Is there a discount for quantity?
Wood department	There are progressive discounts from 50 metres.
Customer	Very good. I will give you my address and you can tell me when your earliest delivery date is and what invoicing procedure you operate.

(b) Changing an order

Colin Pine	Please put me through to Steve Jones in Sales. . . . Hello, Steve. Colin here. I've had a think about what you suggested yesterday regarding the photocopier we ordered. We've decided to change our order from the CF202 to the FC302. I think that will meet our requirements better. Shall I send you a new order?
Steve Jones	That would be a good idea. Please send it with a note cancelling the initial order.
Colin Pine	Thanks Steve. Bye.

2 Ordini

(a) Inoltro di ordinazione

Tina	Bricolage[1] Oggi. Mi dica.
Cliente	Vorrei ordinare del legno compensato.
Tina	Certo. Un attimo prego.
Reparto Legnami	Reparto Legnami.
Cliente	Vorrei ordinare una certa quantità di legno compensato.
Reparto Legnami	Sì. Mi sa dire di che tipo o per quale lavoro?
Cliente	Vorrei fare degli scaffali e perciò il compensato deve essere abbastanza forte per sostenere il peso di libri.
Reparto Legnami	In quel caso le consiglierei un compensato con uno spessore di un centimetro e mezzo. Quanti metri gliene occorrono?[2]
Cliente	Me ne servono 150 metri. Fate uno sconto per acquisti di compensato in grandi quantità?
Reparto Legnami	Facciamo sconti progressivi a partire da acquisti di 50 metri.
Cliente	Benissimo. Le do il mio indirizzo. Può dirmi poi quale è la primissima data in cui potreste consegnarmi la merce e può dirmi anche che sistema di fatturazione usate?

1 DIY is also referred to as *Fai Da Te*.
2 Alternatives: *Di quanti metri avrebbe bisogno; Quanti metri gliene servono?*

(b) Modifica d'ordine

Corrado Pinna	Mi passa il signor Carfa dell'ufficio vendite per favore?... Ciao Stefano, sono Corrado Pinna. Ho ripensato a quello che mi hai consigliato ieri sulla fotocopiatrice che abbiamo ordinato. Abbiamo deciso di cambiare l'ordine dalla CF202 alla FC302. Secondo me si addice meglio[1] alle nostre esigenze.[2] Vuoi che ti mandi un altro buono d'ordine?
Stefano Carta	Penso sia meglio. Spediscilo con un avviso di disdetta dell'ordine originale.
Corrado Pinna	Grazie Stefano, ciao.

1 Alternative: *è più adatta.*
2 Alternative: *necessità.*

5

(c) Cancelling an order

Store manager	Hello, Sandhu's Wholesale.
Customer	Morning. It's Mrs Wilson here, of Lomas Supermarket. I'm ever so sorry, but my brother has got our order wrong this week. Do you mind if we change it over the phone?
Store manager	No, madam, as long as there's nothing perishable that we've had to order specially. Can you give me the order number?
Customer	Yes, it's SCC 231. We only put it in three days ago and it's all packaged catering goods. All we want to do is cancel the soft drinks and the cereals, and have another 15 large boxes of Mercury instead. Is that all right?
Store manager	I've found the order and the invoice. We can change that before you call tomorrow and I'll make you out another bill. Will you pay on the spot?
Customer	Yes, by cheque as usual. Thanks for your help. Goodbye.

(d) Confirming receipt of an order

Telephonist	Klapp and Weaver. Good morning.
Julie Little	Morning. Can I speak to Mr Preece, please?
Telephonist	Yes, putting you through now.
George Preece	Hello, Preece here.
Julie Little	Morning Mr Preece. Julie Little here. I'm ringing to confirm receipt of our order number B/397/386.
George Preece	The radial tyres?
Julie Little	Yes, that's the one. They arrived today. You asked me to confirm receipt as soon as possible.
George Preece	Well, thanks for getting back to me.
Julie Little	We'll get your invoice processed in the next few days.
George Preece	Fine. Thanks for ringing. Goodbye.
Julie Little	Goodbye.

(c) Disdetta d'ordine

Grossista	Buongiorno. Ingrosso Alimentari.
Cliente	Buongiorno. Sono Marianna Bianchi del Supermercato Lomas. Mi dispiace molto disturbarla, ma questa settimana mio fratello vi ha inviato l'ordine sbagliato. Le dispiace modificarlo[1] al telefono?
Grossista	Certo, possiamo modificarlo purché l'ordine non comprenda articoli deperibili che abbiamo dovuto ordinare specialmente. Può darmi il numero del buono d'ordine?
Cliente	Sì, SCC 231. Gliel'abbiamo spedito solo tre giorni fa e comprende solamente prodotti preconfezionati. Vogliamo solamente cancellare[2] l'ordine per le bibite ed i corn-flakes e ordinare invece altre 15 scatole grandi di cioccolatini Mercurio. Sarebbe possibile?
Grossista	Ah, eccoli. Ho trovato il buono d'ordine e la fattura. Possiamo cambiare l'ordine prima che lei passi qui domani e le preparo un'altra fattura. Paga domani quando ritira[3] la merce?
Cliente	Sì, pagherò con un assegno come al solito. Grazie per il suo aiuto. Arrivederla a domani.

The following alternatives may be used:
1 *cambiarlo;*
2 *disdire;*
3 *preleva.*

(d) Conferma di ricevuta d'ordine

Telefonista	Tessitori Riuniti. Buongiorno.
Giulia Piccoli	Buongiorno. Potrei parlare con il signor Prizzi?
Telefonista	Un attimo, prego! Glielo passo.
Giorgio Prizzi	Buongiorno. Prizzi.
Giulia Piccoli	Buongiorno, signor Prizzi. Sono Giulia Piccoli. L'ho chiamata[1] per confermarle che abbiamo ricevuto la merce ordinata con l'ordine B/397/386.
Giorgio Prizzi	I cinturati?
Giulia Piccoli	Esatto! Sono arrivati oggi. Mi aveva chiesto di confermarle l'arrivo della merce appena possibile.
Giorgio Prizzi	Ah, sì. Grazie per averlo fatto.
Giulia Piccoli	Pagheremo la fattura nei prossimi giorni.
Giorgio Prizzi	Va bene. Grazie della telefonata. Arrivederla.
Giulia Piccoli	Arrivederla.

1 Note ending because of *lei* form.

(e) Clarifying details of an order

Edward   Good afternoon, DIY Stores, Edward speaking.

Customer   Hello, I am ringing about an order I made on the 27th. My name is Jones.

Edward   Just a moment . . . Mr B Jones, 24 litres of paint to be delivered on the 4th?

Customer   Yes, that's my order but I would like to change one or two details if I may.

Edward   Certainly Mr Jones. Go ahead.

Customer   I originally ordered six litres of eggshell blue matt, I would like to change that to sky blue vinyl silk. Is that OK?

Edward   Yes that is all right. We have it in stock. Anything else?

Customer   Just the delivery address. Could you deliver the paint to the site, 34 Western Way, on the 4th as agreed?

Edward   No problem, sir.

(e) Apporto di modifica ad ordine

Edoardo Carli   Buongiorno, Bricoshop, Carli, mi dica!

Cliente   Buongiorno. Vi chiamo a proposito di un ordine inoltrato[1] al Bricoshop il 27 scorso. Mi chiamo Di Giovanni.

Edoardo Carli   Un attimo prego ... signor Di Giovanni Bruno, 24 litri di vernice da consegnare il 4?

Cliente   Esatto. Quello è il mio ordine, ma adesso vorrei cambiare qualche particolare.[2]

Edoardo Carli   Certo, Signor Di Giovanni. Mi dica.

Cliente   Inizialmente avevo ordinato sei litri di vernice opaca di colore celeste pelle d'uovo, ma adesso vorrei vernice vinilica di colore azzurro cielo. È possibile?

Edoardo Carli   Sì, va bene. Ne abbiamo delle scorte in magazzino. Vuol[3] cambiare qualcos'altro?

Cliente   Soltanto il recapito[4] per la consegna. Potreste consegnare la vernice direttamente al cantiere, in viale Occidentale 34, il 4 come convenuto?[5]

Edoardo Carli   Certamente.

The following alternatives may be used:
1 *trasmesso;*
2 *qualche particolare: alcuni dettagli;*
3 *vuole, vorrebbe;*
4 *l'indirizzo;*
5 *stabilito.*

3 Making an appointment

Receptionist	Good morning, Chiltern International. Can I help you?
Paul Wignall	Good morning, I would like to speak to Mrs Mills's secretary.
Receptionist	One moment, please.
Secretary	Sue Jones.
Paul Wignall	Good morning, Ms Jones. My name is Wignall, from Whitnash Industries. I shall be in your area next week and would like to discuss product developments with Mrs Mills. Tuesday or Wednesday would suit me best.
Secretary	Let me check Mrs Mills's diary. She could see you Wednesday morning at 10.
Paul Wignall	That would be fine. Thank you very much.
Secretary	Thank you.
Paul Wignall	Goodbye.
Secretary	Goodbye.

3 Come fissare un appuntamento

Centralinista	Buongiorno, Corrieri Internazionali. Mi dica.
Paul Wignall	Buongiorno. Vorrei parlare con la segretaria della Signora Milletti.
Centralinista	Un attimo prego.
Segretaria	Lia Giannoni, buongiorno.
Paul Wignall	Buongiorno, signorina. Sono Paul Wignall della società Whitnash Industries. La settimana entrante[1] sarò nella vostra zona e vorrei presentare i nuovi prodotti della mia società alla signora Milletti. Preferirei, se possibile, un appuntamento martedì o mercoledì prossimo.
Segretaria	Un attimo prego, controllo l'agenda della signora Milletti. La signora sarà disponibile[2] alle ore 10 di mercoledì mattina.
Paul Wignall	Mi va benissimo. La ringrazio.
Segretaria	Grazie a lei.
Paul Wignall	Arrivederla.
Segretaria	Buongiorno.

1 Alternatives: *prossima, che viene.*
2 Alternatives to *disponibile*: *libera da impegni.*

11

4 Invitation to attend a meeting

Secretary	Hello, Mr Anguita?
Director	Yes, speaking.
Secretary	Javier Clemente here. I'm secretary to Lucía Ordóñez, public relations manager at Agencia Rosell, Barcelona.
Director	Oh, yes. We met last month at the trade fair in Tarragona. She mentioned that your agency could perhaps assist my company.
Secretary	That's right. Well, since then she has been in touch with a number of local firms who wish to set up joint projects elsewhere in Europe. A meeting is scheduled for Tuesday, 6 October, at our offices here in Barcelona. She has written to invite you. I'm ringing now to give you advance warning.
Director	That's very kind. I'll check my diary and either way I'll get my secretary to ring you before the weekend. Will you thank Ms Ordóñez and tell her I hope I will be able to make it on the 6th?
Secretary	I will. Thank you, Mr Anguita. By the way, our number is 3516784.
Director	Sorry, I nearly forgot to ask you! Send Ms Ordóñez my regards, and thanks again. Goodbye.
Secretary	Good afternoon.

4 Invito a partecipare ad una riunione

Segretario	Buongiorno, parlo con il signor Anguita?
Direttore	Sì, sono Anguita.
Segretario	Mi chiamo Javier Clemente e sono il segretario di Lucía Ordóñez, responsabile delle relazioni pubbliche della Agencia Rosell, di Barcellona, in Spagna.
Direttore	Ah, sì. Ci siamo incontrati il mese scorso alla fiera commerciale di Tarragona. La signora Ordóñez mi ha detto che la vostra agenzia potrebbe assistere la mia società.
Segretario	Esatto. Dopo quell'incontro a Tarragona la signora Ordóñez si è messa in contatto con[1] numerose aziende[2] locali che vogliono impiantare[3] progetti congiunti[4] altrove in Europa. Una riunione è stata fissata per martedì venturo,[5] 6 ottobre, nei nostri uffici qui a Barcellona. La signora Ordóñez le ha già scritto per invitarla. L'ho chiamata per comunicarle l'invio di questo invito.
Direttore	La ringrazio. Controllerò i miei impegni sull'agenda e chiederò in ogni modo alla mia segretaria di chiamarla prima del fine settimana.[6] Ringrazi da parte mia la signora Ordóñez e le dica che spero di essere all'incontro del 6 ottobre prossimo.
Segretario	Lo farò senz'altro! Grazie, signor Anguita. E il nostro numero di telefono è 351 6784.
Direttore	Mi scusi, avevo quasi dimenticato di chiederglielo! Mi saluti tanto la signora Ordóñez, e di nuovo grazie. Arriverderla.
Segretario	Buongiorno a lei.

The following alternatives may be used:
1 *si è messa in contatto con*: *ha contattato*;
2 . *aziende*: *imprese, società*;
3 *avviare*;
4 *congiunti*: *in collaborazione*;
5 *venturo*: *prossimo*;
6 *del fine settimana*: *del weekend. Il fine settimana* and *la fine settimana* are both correct.

5 Apologizing for non-attendance

(a) At a future meeting

Nancy Richards	Nancy Richards.
Bill Perkins	Morning Nancy. Bill Perkins here.
Nancy Richards	Hello Bill, how are you?
Bill Perkins	Fine thanks. Look, I've just received notice of the sales meeting next Tuesday.
Nancy Richards	Yes, is there a problem?
Bill Perkins	Afraid so. I'll have to send my apologies. I'm already committed to a trade fair trip.
Nancy Richards	OK I'll pass on your apologies. Can you send someone else?
Bill Perkins	I've a colleague who can probably come. Her name is Susie Rogerson. I'll ask her to call you later today.
Nancy Richards	Fine. Well, have a nice trip. I'll see you when you get back.

5 Presentazione di scuse per l'assenza

(a) Ad una prossima riunione

Nanda Ricciardi   Pronto, Nanda Ricciardi.

Bernardo Pozzi   Buongiorno, signorina Nanda. Sono Bernardo Pozzi.

Nanda Ricciardi   Buongiorno Pozzi. Come va?

Bernardo Pozzi   Bene grazie. Senta, ho appena ricevuto il preavviso della riunione del reparto vendite di martedì prossimo.

Nanda Ricciardi   Sì, c'è qualcosa che non va?

Bernardo Pozzi   Purtroppo. Dovrò scusarmi perché ho già preso un altro impegno: devo andare ad[1] una mostra commerciale.

Nanda Ricciardi   Allora presenterò io le sue scuse. Potrebbe incaricare qualcuno al suo posto?

Bernardo Pozzi   Ho una collega che forse potrebbe andarci. Si chiama Susanna Ruggeri. Le chiederò di chiamarla più tardi oggi.

Nanda Ricciardi   Va bene. Faccia buon viaggio e ci vedremo al suo rientro.

1 Alternative form of *a*, often used before a word beginning with a vowel.

(b) At a meeting that has already been held

George Parsons	Could you put me through to the Managing Director please.
Secretary	Certainly, sir. One moment.
Henry Sachs	Hello George. We missed you yesterday.
George Parsons	I am calling to apologize for my absence. I didn't write to you because I intended to come and was prevented at the last moment.
Henry Sachs	I gather there's a spot of bother in the Gulf.
George Parsons	Oh you've heard. Bad news travels fast. Yes we have a container ship on its way and rumours of war at its destination.
Henry Sachs	What will you do? Send it somewhere else pro tem?
George Parsons	Yes, but don't worry – I'll sort it out. Meanwhile how did your 'do' go?
Henry Sachs	Very well. All the important people came. Barry Clerkenwell from the BOTB was asking for you. I said you'd give him a bell.
George Parsons	Will do, and sorry again that I couldn't make it.

(b) Ad una riunione già tenutasi

Giorgio Pastore	Mi passa l'amministratore delegato, per piacere?
Segretaria	Un attimo[1] prego.
Enrico Sacchi	Buongiorno Pastore.[2] Abbiamo notato la sua mancanza[3] ieri.
Giorgio Pastore	L'ho chiamata per scusarmi per la mia assenza. Non le ho scritto prima dell'incontro[4] perché avevo intenzione di partecipare, ma ho avuto un imprevisto all'ultimo momento.
Enrico Sacchi	Mi pare ci siano problemi[5] nel Golfo.
Giorgio Pastore	Sì, l'ha saputo? Le brutte notizie si spargono in un battibaleno. Sì, abbiamo una nave portacontainer in navigazione e corre voce che ci sia una guerra nel porto di destinazione.
Enrico Sacchi	Cosa ha intenzione di fare? Magari dirottare la nave altrove nel frattempo?
Giorgio Pastore	Sì, ma non si preoccupi. Ci penso io. E com'è andato l'incontro?
Enrico Sacchi	È andato benissimo. C'erano tutti quelli che contano. Bruno Chiarenza dell'Ente Esport voleva parlarle. Ho promesso che lei l'avrebbe contattato al più presto.[6]
Giorgio Pastore	Lo farò senz'altro. Mi scusi ancora per la mia assenza.

1 Alternative to *attimo*: *momento*.
2 Note: Italians tend to formality in such situations and often use the *lei* form with colleagues.
3 Alternative to *mancanza*: *assenza*.
The following alternatives may be used:
4 *dell'incontro*: *della riunione*;
5 *Ci siano problemi*: *Ci siano guai, Ci sia qualcosa che non va*;
6 *il più presto possibile, quanto prima*.

6 Making a complaint

Max Russell	Service Department, please.
Assistant	Service Department.
Max Russell	Hello, my name's Russell, from Littleborough Plant & Equipment. Item IP/234 was ordered by us two weeks ago and has still not been delivered. I rang on Wednesday and was promised delivery by 5 p.m. yesterday. We still haven't received the part.
Assistant	I'm sorry, Mr Russell, let me check . . . I'm afraid the part still hasn't come in to us. It's still on order from the manufacturer.
Max Russell	Look, I'm not interested in all that. I just want to know when we'll get the part. I stand to lose a good customer if I don't repair his machinery. If I don't get the part today, I'll go to another supplier.
Assistant	I'll chase up the manufacturer and see what I can do. I'll get back to you by 1 o'clock and let you know what the situation is.

6 Reclamo

Massimo Russo	Mi passa il Reparto Assistenza Clientela, per piacere.[1]
Assistenza Clientela	Reparto Assistenza Clientela, buongiorno.
Massimo Russo	Buongiorno. Sono Massimo Russo, della Russo Impianti & Attrezzi. Abbiamo ordinato l'articolo IP/234 due settimane fa e ancora non ci è stato consegnato. Ho già telefonato al[2] vostro reparto mercoledì scorso e mi avete promesso la consegna entro le 17 di ieri pomeriggio. Ma ancora non l'abbiamo ricevuto.
Assistenza Clientela	Mi dispiace, signor Russo, un attimo che controllo . . . Sono spiacente,[3] ma questo articolo non è stato ancora consegnato a noi dal fabbricante a cui[4] l'abbiamo ordinato.
Massimo Russo	Guardi, a me questo non interessa proprio. Voglio soltanto sapere quando riceveremo il pezzo. Se non riesco a riparare la macchina di un nostro buon cliente, rischio davvero di perderlo. Se non mi fate avere questa parte oggi mi rivolgo ad un altro fornitore.
Assistenza Clientela	Chiamo di nuovo il fabbricante e vedo cosa posso fare. Le dò un colpo di telefono[5] prima dell'una per farle sapere.

The following alternatives may be used:
1 *per favore, per cortesia;*
2 *telefonato al: chiamato il;*
3 *mi dispiace, mi rincresce;*
4 *a cui: al quale;*
5 *la chiamo, le telefono.*

7 Reminder for payment

Tardy customer	Good day. Des Morrison speaking.
Supplier	Hello, Mr Morrison. It's Bankstown Mouldings here. Did you receive a letter from us last week reminding you about the outstanding account you have with us?
Tardy customer	No, can't say I did. Mind you, that's no surprise when you see the state of this office. We've just moved from the middle of town.
Supplier	Oh. Sorry to hear that. Well, it's an invoice for $2,356 which we sent out on 17 April; it probably arrived on the 19th or 20th.
Tardy customer	Can you remind me what it was for?
Supplier	Of course. We supplied you in March with several hundred wood and plastic ceiling fittings for the houses you were working on at the time. The invoice code is QZ163P.
Tardy customer	OK. I'll ask my wife to have a good look for it. In the meantime, what about sending me a copy so that we can pay up at the end of the month even if we can't trace the original?
Supplier	That's no problem. I'll fax it to you this afternoon if you have a machine.
Tardy customer	No way. I haven't seen ours since we moved! Send it by post to this address: Unit 12, Trading Estate, Pacific Highway. We'll settle up as soon as we get it. Sorry for the hassle.
Supplier	I'll post a copy today, and rely on you to keep your word.

7 Sollecito di pagamento

Cliente moroso	Buongiorno. Morrisi.
Fornitore	Buongiorno, signor Morrisi. Sono Formati della Villa Banchi. Ha ricevuto il sollecito di pagamento del suo conto insoluto che le abbiamo spedito la settimana scorsa?
Cliente moroso	Non mi pare[1] d'averlo ricevuto.[2] Ma, a dire il vero, questo non la sorprenderebbe se vedesse in che condizioni è quest'ufficio. Ci siamo appena trasferiti dal centro.
Fornitore	Oh, mi dispiace. In effetti si tratta di una fattura per $2.356 inviata il 17 aprile scorso; sarà probabilmente arrivata il 19 o il 20.
Cliente moroso	Mi rinfresca la memoria sul[3] contenuto della fattura?
Fornitore	Certo. Nel marzo scorso le fornimmo diverse centinaia di fissaggi in plastica e legno per soffitti destinati ai fabbricati[4] in cui lavorava in quel periodo. Il numero della fattura è QZ163P.
Cliente moroso	Va bene. Chiedo a mia moglie di cercarla. Nel frattempo me ne manda una copia così possiamo pagarla alla fine del mese anche se non troviamo l'originale.
Fornitore	Senz'altro. Gliela mando per fax questo pomeriggio se ha un apparecchio.
Cliente moroso	Impossibile. Non vedo il nostro fax da quando ci siamo trasferiti! Mi mandi la fattura per posta a questo indirizzo: Zona Industriale Cosentino, Stabilimento 12, Viale della Pace. Appena arriva la paghiamo. Scusi il contrattempo.
Fornitore	Le spedisco la copia oggi e conto sulla sua parola.

The following alternatives may be used:
1 *pare*: *sembra*;
2 *d'averlo ricevuto*: *che ci sia pervenuto*;
3 *rinfresca la memoria sul*: *rammenta il*, *ricorda il*;
4 *fabbricati*: *edifici*.

8 Enquiry about hotel accommodation

Telephonist	Good morning, Hotel Brennan. Can I help you?
Customer	Hello. Can you put me through to Reservations?
Telephonist	Certainly. Putting you through now.
Reservations desk	Reservations. Good morning.
Customer	Morning. Could you tell me if you have a double room free from 14 to 16 May, or from 18 to 20 May?
Reservations desk	Just a moment. I'll check for you. Yes, we do. On both dates.
Customer	What's the price?
Reservations desk	The price per night, with bath and including breakfast, is £160. That includes service and VAT. Do you want to make a reservation?
Customer	I'll get back to you on it. Goodbye.
Reservations desk	Goodbye.

8 Richiesta d'informazioni sull'alloggio in albergo

Telefonista	Buongiorno, Hotel Brennero. Mi dica!
Cliente	Buongiorno. Mi passa l'ufficio prenotazioni?
Telefonista	Certo. La metto in linea.
Ufficio prenotazioni	Prenotazioni. Buongiorno.
Cliente	Buongiorno. Può dirmi se avete una camera doppia[1] dal 14 al 16 maggio prossimo, o dal 18 al 20, sempre di maggio?
Ufficio prenotazioni	Un attimo prego, controllo. Sì, per tutte due le date.
Cliente	Qual è il prezzo della camera?
Ufficio prenotazioni	Il prezzo per notte della camera con bagno, prima colazione, servizi e IVA[2] inclusi è di 300.000 lire. Vuole prenotare?
Cliente	La richiamo più tardi. Buongiorno.
Ufficio prenotazioni	Buongiorno a lei.

1 Alternative to *doppia*: *matrimoniale*.
2 IVA stands for *Imposta Valore Aggiunto*.

9 Changing an appointment

Susana López	Hello. May I speak to Elena Aznar?
Elena Aznar	Yes, that's me. How can I help you?
Susana López	This is Susana López. I rang yesterday to see if I could visit the Ministry on Friday to discuss with your staff the new plans for tax reforms in the recent Budget. Unfortunately, my boss has just told me that the time we fixed is no good as I have to attend an urgent meeting with him. Could we possibly change our appointment?
Elena Aznar	I'm sorry that's happened, but don't worry. When do you think you can come?
Susana López	Any chance of the following week, maybe Tuesday afternoon?
Elena Aznar	It looks unlikely, I'm afraid. How about Thursday at about 10.30? All the key staff should be here then.
Susana López	If you can give me a moment, I'll check . . . Yes, that's fine as long as we can finish by 1 p.m. – my boss has to fly to the States in the afternoon.
Elena Aznar	That will suit us. When you arrive, please inform the security staff and they will direct you to the relevant department, which is on the fourth floor. OK?
Susana López	Many thanks for being so helpful. Looking forward to seeing you on the 8th.
Elena Aznar	Me too. Goodbye.

9 Modifica di appuntamento

Susana López	Buongiorno. Potrei parlare con Elena Aznar?
Elena Aznar	Sì, sono Elena Aznar. Mi dica.
Susana López	Buongiorno, sono Susana López. Ho telefonato ieri per chiedere se potrei venire al Ministero questo venerdì per discutere con il suo personale sui nuovi piani[1] di riforma tributaria[2] annunciati recentemente nel bilancio. Purtroppo il mio direttore mi ha appena detto[3] che l'orario stabilito non va bene[4] perché abbiamo un incontro urgente. Sarebbe possibile cambiare il nostro appuntamento?
Elena Aznar	Ah, peccato, ma non si preoccupi. Quando pensa che potrà[5] venire?
Susana López	Sarebbe possibile la settimana entrante, magari martedì pomeriggio?
Elena Aznar	No, purtroppo non è possibile. Forse giovedì verso le 10.30? Tutti i responsabili dovrebbero essere presenti.
Susana López	Un attimo per favore. Controllo . . . Sì, va bene, purché possiamo concludere la visita alle 13 – il mio direttore deve prendere l'aereo per gli Stati Uniti nel pomeriggio.
Elena Aznar	Per noi va benissimo. Al vostro arrivo rivolgetevi alle guardie di sicurezza che vi indirizzeranno al reparto giusto, al quarto piano. D'accordo?
Susana López	Grazie mille per la sua cortesia. Spero di incontrarla giovedì 8.
Elena Aznar	Anch'io. Buongiorno.

The following alternatives may be used:
1 *piani*: *progetti;*
2 *tributaria*: *fiscale;*
3 *detto*: *comunicato;*
4 *non va bene*: *non è conveniente;*
5 *potrà*: *le sarà possibile.*

10 Informing of a late arrival

James Kennon	James Kennon.
Paul Alexander	Morning James, Paul here.
James Kennon	Hi, Paul. Where are you?
Paul Alexander	Still at Heathrow – my flight has been delayed.
James Kennon	So you'll be late for the meeting.
Paul Alexander	Afraid so! I'm now due to arrive at Düsseldorf at 11.15. I should be with you about 12.
James Kennon	Don't worry. We'll push the start of the meeting back to 11.30 and take the less important agenda items first.
Paul Alexander	Fine. Thanks for that. Look, I'd better dash – they've just called the flight.
James Kennon	OK. See you later. Bye.
Paul Alexander	Bye.

11 Ordering a taxi

Taxi firm	Hello.
Customer	Hello, is that A & B Taxis?
Taxi firm	Yes. What can we do for you?
Customer	We would like a cab straightaway to take our Sales Manager to the airport.
Taxi firm	Birmingham Airport?
Customer	Yes, the new Eurohub. It's quite urgent. He has to check in in 35 minutes.
Taxi firm	Don't worry we'll get him there. Give me your address and a cab will be with you in 5 minutes.

10 Comunicazione di arrivo in ritardo

Gianni Zeno	Gianni Zeno, Buongiorno.
Paolo Alessandri	Buongiorno Zeno. Sono Paolo Alessandri.
Gianni Zeno	Buongiorno Alessandri. Dove si trova?[1]
Paolo Alessandri	Ancora all'aeroporto di Heathrow – il mio volo è in ritardo.
Gianni Zeno	Allora arriverà in ritardo alla riunione.
Paolo Alessandri	Purtroppo. L'arrivo a Milano è previsto alle 11.15. Dovrei arrivare da voi verso le 12.
Gianni Zeno	Non si preoccupi. Rimanderemo l'inizio della riunione alle 11.30 e tratteremo prima i punti[2] meno importanti all'ordine del giorno.
Paolo Alessandri	Bene. Grazie. Devo andare, hanno appena chiamato il mio volo.
Gianni Zeno	Va bene. A più tardi. Arrivederci.
Paolo Alessandri	A presto.

1 Alternative to *Dove si trova*: *Dov'è*.
2 Alternative to *tratteremo*: *ci occuperemo prima dei punti, prenderemo in esame prima i punti*.

11 Prenotare un taxi

Posteggio di taxi	Buongiorno. Taxi.
Cliente	Buongiorno. Parlo con Taxi A & B?
Posteggio di taxi	Sì, mi dica.
Cliente	Vorremmo un taxi immediatamente per portare il nostro direttore delle vendite all'aeroporto.
Posteggio di taxi	A Linate?
Cliente	Sì, al nuovo Eurofulcro. Il taxi è urgentissimo. Deve fare il check-in[1] fra 35 minuti.
Posteggio di taxi	Non si preoccupi. Ce la faremo. Mi dia il suo indirizzo e un taxi sarà da voi entro 5 minuti.

1 Alternatives: *deve presentarsi al check-in, deve fare l'accettazione*.

12 Checking flight information

Travel agent	Russell's Travel, good morning.
Customer	Could you confirm my travel details for me, please?
Travel agent	Certainly sir. Do you have your ticket? Can you give me the details?
Customer	I am travelling on flight EA739 to Prague next Wednesday and then on to Bratislava the next day.
Travel agent	Flight EA739 leaves Heathrow at 11.35 a.m. and arrives in Prague at 15.05. Flight CZ417 leaves Prague at 16.30 and gets to Bratislava at 17.20. Is it an open ticket?
Customer	No, it's an Apex ticket.
Travel agent	That's fine, then. You must check in one hour before departure.
Customer	Thank you very much for your help.
Travel agent	Don't mention it.

12 Controllo delle informazioni su un volo

Agenzia di viaggi	Agenzia Viaggi Russo, buongiorno.
Cliente	Mi può confermare i dati sul mio viaggio, per piacere?
Agenzia di viaggi	Certamente! Ha il biglietto? Può darmi tutti i dettagli?
Cliente	Viaggio con il volo EA739 per Praga mercoledì prossimo e poi da lì con il volo per Bratislava il giorno dopo.[1]
Agenzia di viaggi	Il volo EA739 parte da Londra Heathrow alle 11.35 e arriva a Praga alle 15.05. Il volo CZ417 parte da Praga alle 16.30 e arriva a Bratislava alle 17.20. È un biglietto aperto?
Cliente	No, è un biglietto Apex.
Agenzia di viaggi	Benissimo. Deve presentarsi al banco accettazioni[2] un'ora prima della partenza.[3]
Cliente	Grazie della sua cortesia.[4]
Agenzia di viaggi	Non c'è di che![5]

The following alternatives may be used:
1 *l'indomani;*
2 *al banco accettazioni*: *al check-in;*
3 *della partenza*: *del decollo* (take-off);
4 *gentilezza;*
5 *Non c'è di che!*: *Prego!*

13 Booking a flight

Customer	Hello. Sunline Air Services?
Airline clerk	Yes, madam. This is Everton Frith. Can I help you?
Customer	Thank you. My name is Robertson. I'd like to book a direct flight to Antigua. How many times a week do you offer Luxury Class travel on your flights?
Airline clerk	There are departures from London each Monday afternoon and Thursday morning. Obviously, there are flights on other days with different airlines, but our tariffs are very competitive.
Customer	Yes, that's what they told me at the travel agency, but I wanted to check for myself. Could you quote me for two return tickets leaving on Thursday, 7 May?
Airline clerk	Can we first check flight details and then look again at prices?
Customer	Yes, fine. So how does the 7th look?
Airline clerk	On the 9.30 departure there are several pairs of seats available still; for your return journey you can make arrangements at the other end. Shall I pass you over to my colleague, Janet, who can give you more information on costs? Everything else will be dealt with by her, including your personal details, form of payment and delivery of tickets to you.
Customer	Thank you for your help.
Airline clerk	My pleasure.

13 Prenotazione di biglietti aerei

Cliente	Buongiorno. Parlo con la Servizi Solejet?
Impiegato	Sì, Servizi Solejet. Sono Elio Fantoni. Desidera?
Cliente	Mi chiamo Dirobbio. Vorrei prenotare due posti su un volo diretto per Antigua. Quante volte alla settimana avete dei posti in Top Class disponibili sui vostri voli?
Impiegato	Ci sono voli da Roma il lunedì pomeriggio ed il giovedì mattina. Ovviamente ci sono voli altri giorni offerti da altre compagnie aeree, ma le nostre tariffe sono molto competitive.
Cliente	Sì, me l'ha accennato la mia agenzia di viaggi, ma ho preferito accertarmene personalmente. Può dirmi la tariffa per due biglietti di andata e ritorno, con partenza giovedì 7 maggio?
Impiegato	Prima controlliamo i particolari del volo e poi vediamo i prezzi.
Cliente	D'accordo. Per il 7 va bene?
Impiegato	Sul volo delle 9.30 ci sono diverse coppie di posti ancora disponibili; per il viaggio di ritorno potrà rivolgersi agli uffici nel posto di destinazione. La trasferisco alla mia collega, Gianna, che le darà le informazioni sulle tariffe. La mia collega si occuperà del resto, compresi nome, indirizzo, modalità di pagamento e consegna dei biglietti.
Cliente	La ringrazio.
Impiegato	Non c'è di che.

14 Thanking for hospitality

Jennie Denning	Jennie Denning.
Rachel Green	Hello, Ms Denning. Rachel Green here, from Galway plc.
Jennie Denning	Hello, Mrs Green. Did you have a good flight back?
Rachel Green	Yes, very good thanks. I'm ringing to thank you for your hospitality last night. It was a very enjoyable evening, and it was very kind of you to ask us all round – particularly at such short notice!
Jennie Denning	I'm pleased you found it enjoyable. It was very interesting for me to meet you all.
Rachel Green	It really was kind of you. So thanks once again. If you ever come over here with James, you must visit us.
Jennie Denning	Yes, I'll do that. Thanks for ringing.
Rachel Green	And thank you. Goodbye.
Jennie Denning	Bye.

14 Grazie dell'ospitalità

Gina Donati	Gina Donati, buongiorno.
Rina Verdi	Buongiorno, signorina Donati. Sono Rina Verdi, della Galli SpA.
Gina Donati	Buongiorno, signora Verdi. Ha fatto buon viaggio?
Rina Verdi	Sì, ottimo, grazie. La sto chiamando per ringraziarla della sua ospitalità ieri sera. È stata una serata molto piacevole ed è stato molto gentile da parte sua invitarci tutti, e con un preavviso così breve!
Gina Donati	Mi fa piacere che vi siate divertiti. Per me è stato molto interessante incontrarvi tutti.
Rina Verdi	È stata davvero tanto gentile. La ringrazio di nuovo. Se verrà dalle nostre parti con Giacomo dovrà venire a trovarci!
Gina Donati	Sì, volentieri. Grazie per la telefonata.
Rina Verdi	Grazie a lei! Arrisentirci.[1]
Gina Donati	Arrivederci.

1 Literally, until we meet, talk again.

15 Invitations

(a) Accepting

John Brown	Hello, this is John Brown of International Tool & Die. I am calling to accept your invitation to the lunch in honour of Mr Aspley.
Chamber of Commerce employee	You are only just in time Mr Brown. I am fixing the final number of guests at 12 noon today.
John Brown	I'm sorry I did not reply sooner and in writing. I have just come back from a business trip. I'm so glad not to miss this occasion.
Chamber of Commerce employee	A lot of people think highly of our Euro MP. There's going to be a good turnout.
John Brown	I am pleased to hear it. Mr Aspley has certainly helped my business to get into the EC market. Who else is coming?
Chamber of Commerce employee	The Lord Mayor is coming and so is the president of the European Parliament. I don't know about our local MPs.
John Brown	Anyway you've got me on your list?
Chamber of Commerce employee	Yes Mr Brown. You are on the list.

(b) Declining

John Gregory	Hello, Michael. This is John Gregory from Car Products International. We've organized a trip to the Indycar road race at Long Beach for our most valued clients. It's the last weekend of April. Would you be able to come?
Michael Daniels	Let me check my diary. I'm sorry, John, but I'm down to go to a company sales convention in Malta that weekend. I'm afraid there's no way I can get out of that.
John Gregory	That's a pity. It would have been great to get together again. If you would like to send one of your staff, just let me know.
Michael Daniels	Will do. Goodbye.
John Gregory	So long.

15 Inviti

(a) Accettare

Giovanni Brunati	Buongiorno. Sono Giovanni Brunati della Utensili e Stampi Internazionale. Ho chiamato per accettare il vostro invito al pranzo in onore dell'Onorevole Aspi.
Impiegato della Camera di Commercio	Ha fatto giusto in tempo, dottor Brunati. Devo fissare il numero finale degli invitati oggi a mezzogiorno.
Giovanni Brunati	Mi scusi se non le ho risposto o scritto prima, ma sono appena rientrato da un viaggio d'affari. Sono molto lieto di non mancare a questa occasione.
Impiegato	Molte persone tengono l'eurodeputato[1] in grande considerazione. Il numero dei presenti previsto è alto.
Giovanni Brunati	Mi fa piacere. L'Onorevole Aspi ha certamente sostenuto la mia ditta nel suo ingresso nel mercato comunitario. Verranno altri esponenti di rilievo?
Impiegato	Ci saranno il sindaco e il presidente del Parlamento Europeo. Non so se verranno i nostri deputati.
Giovanni Brunati	Allora, sono incluso[2] nel suo elenco?
Impiegato	Sì, dottor Brunati. Lei è incluso.

1 Italian Euro MPs are currently elected on a proportional basis and do not represent individual constituencies. Italian council, provincial, regional and national MPs and Euro MPs have the title *onorevole*, abbreviated to *On.* in front of their names.
2 Alternative to *incluso*: *compreso*.

(b) Declinare

Giovanni Gregoretti	Pronto, Michele. Sono Giovanni Gregoretti della Prodottauto Internazionale. Abbiamo organizzato un viaggio alla gara automobilistica del circuito di Indycar a Long Beach per i nostri clienti più importanti, nell'ultimo fine settimana di aprile. Potrebbe venire?
Michele Danieli	Un attimo che controllo la mia agenda. Mi dispiace, Giovanni, ma in quel weekend devo andare a un convegno dei venditori dell'azienda a Malta. Purtroppo non posso assolutamente sottrarmi dal mio impegno[1] di Malta.
Giovanni Gregoretti	Peccato! Sarebbe stato splendido rivederci. Se vuole mandare uno dei suoi dipendenti, me lo faccia sapere.
Michele Danieli	Volentieri. Arrivederla.
Giovanni Gregoretti	Buongiorno.

1 Alternative to *sottrarmi dal mio impegno*: *tirarmi indietro dal mio impegno*.

16 Travel enquiry

(a) Rail

Passenger	Good afternoon. Could you tell me if there is a train out of Seville in the early afternoon going to Madrid?
Booking clerk	Do you mind how long the journey takes?
Passenger	Well, I have to be at a conference in the capital by 6 o'clock in the evening.
Booking clerk	There's a high-speed train which leaves every day at 12 midday. You'll be there by mid-afternoon.
Passenger	That sounds fine. Can I purchase my tickets by phone?
Booking clerk	No, I'm afraid you have to come and pay in person.
Passenger	Surely it's possible for a colleague or my personal assistant to make the purchase for me?
Booking clerk	Yes, sir, of course.
Passenger	Very well. I shall be travelling on Friday of this week and will require two singles. How much is that?
Booking clerk	34,000 pesetas in first class or 21,000 in second.
Passenger	Fine. Thanks for your assistance.

16 Richiesta d'informazioni

(a) Viaggio ferroviario

Viaggiatore Buon pomeriggio. Mi può dire se c'è un treno che parte da Siena nel primo pomeriggio per Roma?

Impiegato La durata del viaggio è importante per lei?

Viaggiatore Sì, devo essere presente ad una conferenza a Roma alle 18.

Impiegato Tutti i giorni c'è il superrapido[1] che parte a mezzogiorno e che arriva a Roma a metà pomeriggio.

Viaggiatore Mi va benissimo. Potrei fare i biglietti per telefono?

Impiegato No, mi dispiace, non è possibile, dovrà venire qui e pagare personalmente.[2]

Viaggiatore Un collega o la mia segretaria potrebbero acquistarli per me?

Impiegato Certamente!

Viaggiatore D'accordo. Viaggerò questo venerdì e mi occorrono due biglietti di sola andata. Quanto costano?

Impiegato 34 mila lire in prima classe o 21 mila in seconda.

Viaggiatore Va bene. La ringrazio.

---

1 Alternative: *il treno ad alta velocità.*
2 Alternative to *personalmente*: *di persona.*

(b) Ferry

Booking clerk	Speedline Ferries. Can I help you?
Customer	Yes, I'm taking my car over to France next week, from Dover to Calais. Can you give me the times of the crossings?
Booking clerk	Well, they're very frequent. About what time do you want to leave?
Customer	About 8 a.m.
Booking clerk	Well, there's one at 8.45, and another at 10.45.
Customer	Is there an earlier one?
Booking clerk	Yes, but that one goes at 6 a.m.
Customer	And what's the return fare?
Booking clerk	Your vehicle and how many passengers?
Customer	Just my car and me.
Booking clerk	What vehicle do you have?
Customer	A Florio estate.
Booking clerk	The fare is £185.
Customer	That's fine. Can I book by phone using my credit card?
Booking clerk	Certainly sir.
Customer	Thanks for your help. I'll call back later to make the booking. Goodbye.
Booking clerk	Bye, and thanks for calling.

(b) Viaggio in traghetto

Impiegato	Mufloni Traghetti. Buongiorno, mi dica!
Passeggero	Buongiorno, devo andare in Sardegna in macchina la settimana prossima, da Civitavecchia a Olbia. Mi può dare gli orari delle traversate?
Impiegato	Sono molto frequenti. Verso che ora vorrebbe partire?
Passeggero	Verso le 8 di mattina.
Impiegato	Sì, ecco, ce n'è una alle 8.45 e un'altra alle 10.45.
Passeggero	Ce ne sarebbe una prima?
Impiegato	Sì, ma parte alle 6.
Passeggero	E quanto costa il biglietto di andata e ritorno?
Impiegato	Per un'autovettura e quanti passeggeri?[1]
Passeggero	Solo per me e per la mia macchina.
Impiegato	Che vettura ha?
Passeggero	Una Florio giardiniera.
Impiegato	La tariffa è 400.000 lire.
Passeggero	Benissimo. Posso prenotare per telefono e pagare con la carta di credito?
Impiegato	Certamente!
Passeggero	Grazie per il suo aiuto. Richiamo più tardi per fare la prenotazione. Arrivederci.
Impiegato	Arrivederci a lei. Grazie.

1 Alternative: *quante persone.*

17 Arranging delivery of goods

Customer	Hello Mr James? You wanted me to ring you back.
Supplier	Thanks for calling. I wanted directions for the delivery of parts that we are making to your factory on Monday.
Customer	Ah right, this will be your first delivery. Well, take the motorway north. Come off at exit 27 and head towards Northam.
Supplier	How do you spell that? N-O-R-T-H-A-M?
Customer	That's it. After five miles you'll come to the Eastfield road.
Supplier	E-A-S-T-F-I-E-L-D?
Customer	Yes. After two miles you meet the Eastfield ringroad, clearly indicated, at a traffic light. Go straight ahead and go through the next two traffic lights.
Supplier	So, the road to Northam, two miles and three traffic lights . . .
Customer	At the fourth traffic light you turn left and then second right. This is Alverton Road and our premises are 150 yards down on the left.
Supplier	Thanks very much; our lorry will be there on Monday.

17 Organizzazione della consegna di merce

Cliente	Buongiorno, signor Giacomelli. Mi aveva chiesto di richiamarla.
Fornitore	Grazie della telefonata. Volevo chiederle dei ragguagli sulla consegna dei pezzi che effettueremo lunedì al vostro stabilimento.
Cliente	Ah, sì, si tratta della vostra prima consegna. Allora, prende l'autostrada in direzione nord: lascia l'autostrada all'uscita 27 e procede poi verso Valthvile.
Fornitore	Come si scrive? V-A-L-T-H-V-I-L-E?[1]
Cliente	Esatto. Dopo 8 chilometri imbocca la strada per Campeste.
Fornitore	C-A-M-P-E-S-T-E?
Cliente	Sì, dopo tre chilometri arriva alla circonvallazione di Campeste, chiaramente indicata dalla segnaletica stradale, dove trova dei semafori. Procede sempre diritto, e passa altri due gruppi di semafori.
Fornitore	Dunque, la strada per Valthvile, tre chilometri e tre gruppi di semafori ...
Cliente	Al quarto gruppo di semafori svolta a sinistra e prende poi la seconda a destra. Questa è via Alvero e il nostro stabilimento si trova a 150 metri sulla sinistra.
Fornitore	Grazie mille; il nostro camion sarà da voi lunedì.

---

1 There is generally no need to spell Italian words as they are normally written as they sound.

Sezione II
Section II

Faccia a faccia
Face to face

18 Arriving for an appointment

Receptionist	Good morning, can I help you?
Frances Jones	Good morning, my name is Frances Jones. I have an appointment with Mrs Jenkins at 10.
Receptionist	One moment, please. Mrs Jenkins' secretary will come down to meet you. Please take a seat.
Frances Jones	Thank you.
Receptionist	Would you like a coffee while you are waiting?
Frances Jones	Yes, thank you.
Receptionist	Just a minute, I'll get it for you.

18 Arrivo ad un appuntamento

Impiegata	Buongiorno, desidera?
Francesca Iotti	Buongiorno, mi chiamo Francesca Iotti. Ho un appuntamento con la Signora Genchi alle 10.
Impiegata	Un attimo, per favore. La segretaria della signora Genchi scenderà ad incontrarla. Prego, si accomodi.
Francesca Iotti	Grazie.
Impiegata	Gradisce un caffè[1] mentre aspetta?
Francesca Iotti	Sì, grazie.
Impiegata	Un attimo, glielo porto.

1 Coffee in Italy is always served black, unless at a bar (*cappuccino*) or at home (*caffellatte*). The drinker adds his own sugar if desired.

19 Arranging further contacts with a company

Mr Calder	Thank you very much for your help this morning, Mr Wallace. I think we've made a lot of progress on the matter of financing the deal.
Mr Wallace	Yes, I agree. It's been useful to clear the air after the initial difficulties we experienced. Presumably, this will not be our last meeting as we must await the final decision and then act quickly.
Mr Calder	Indeed. Do you know when we'll know the final decision?
Mr Wallace	I've been promised an answer by the end of June, so if we say early July there will still be a couple of weeks before we close for the summer vacation.
Mr Calder	Fine. How about Monday the 3rd?
Mr Wallace	I can't make the morning, but I shall be free all afternoon. More importantly, the main people involved will be able to work on the final proposals that week. If we need to develop our plans further, bringing in other companies or arranging further contacts, there should be time enough to do that.
Mr Calder	Shall we say 2 p.m. here? In the meantime we can still explore the possibilities or value of involving other parties both within and outside our companies.
Mr Wallace	Very well. I'll get that organized. I'll give you a ring by the 14th to confirm everything we might know in the meantime.
Mr Calder	Right. Thanks again. . . . Can I get to the carpark by going straight down in the elevator?
Mr Wallace	Yes. First floor, first door on the left. See you in July if not before.

19 Ulteriori contatti con un'impresa

Sig. Conti	Grazie del suo aiuto stamattina, signor Valdese. Mi sembra che abbiamo fatto grandi progressi per quanto riguarda[1] il finanziamento del progetto.
Sig. Valdese	Sì, son[2] d'accordo. È stato utile chiarire la situazione dopo le difficoltà iniziali che abbiamo incontrato. Presumibilmente non sarà la nostra ultima riunione in quanto dovremo attendere la decisione finale e poi agire subito opportunamente.
Sig. Conti	È vero. Sa quando sapremo la decisione finale?
Sig. Valdese	M'hanno promesso una risposta entro la fine di giugno; perciò, dall'inizio di luglio, avremo una o due settimane prima della chiusura per le ferie estive.[3]
Sig. Conti	Cosa ne pensa di lunedì 3 luglio?
Sig. Valdese	Di mattina ho impegni,[4] ma sarò libero tutto il pomeriggio. Quello che conta di più è che le persone principali interessate potranno lavorare sulle proposte finali in quella settimana. Se sarà necessario ampliare i nostri programmi, con l'inclusione di altre aziende o fissando ulteriori contatti, dovremmo avere abbastanza tempo per farlo.
Sig. Conti	Diciamo alle 14 allora? Nel frattempo possiamo sempre esaminare se è possibile o se vale la pena includere terzi sia all'interno che all'esterno delle nostre aziende.
Sig. Valdese	Va bene. Organizzerò io la riunione. La chiamerò prima del 14 di questo mese per confermarle quanto avremo appreso nel frattempo.
Sig. Conti	Sì, d'accordo. .... Posso arrivare al parcheggio se scendo direttamente con l'ascensore?
Sig. Valdese	Pianterreno, prima porta a sinistra. Arrivederla a luglio, se non prima.

The following alternatives may be used:
1   *concerne*;
2   *sono.*
3   Italian companies tend to reduce or close down their activities during August.
4   Alternative: *sono impegnato.*

20 Presenting a proposal

Helen Morning John. Do come in and take a seat.

John Morning Helen. Thanks.

Helen You wanted to see me about our new product launch?

John Yes, I think we should try to bring it forward to December.

Helen That might be a bit tight. Any particular reason?

John Well, we'd catch the important Christmas business, and we'd be ahead of the opposition.

Helen I'm not sure our production people could handle it.

John Not a major problem. Our plant in Wellington can take on more of the production. We have spare capacity there.

Helen Have you discussed this with your people there?

John Yes, and they're convinced they can deal with it.

Helen We can't risk any slip-up on this – the launch is very important. And what about the advertising schedule?

John It's all settled. The advertising copy is virtually ready. The ads could be pulled forward to December.

Helen Look, there's some advantage in doing this, but I'd like to talk about it with the board first. There's a meeting tomorrow at 2. Can you make it?

John I've got one or two things on, but I can reshuffle them.

Helen Fine. Look, I've another meeting now, but I'll catch up with you later.

John OK. See you later.

20 Presentazione di proposta

Elena   Buongiorno Gianni. Prego, accomodati!

Gianni   Ciao, Elena. Grazie.

Elena   Volevi vedermi a proposito del lancio del nostro nuovo prodotto?

Gianni   Sì, penso dovremmo cercare di anticiparlo a dicembre.

Elena   Credo che sia un po' difficile. Per quale motivo questo anticipo?

Gianni   Beh, potremmo inserirci nel periodo prenatalizio e superare così la concorrenza.

Elena   Non son sicura se il reparto di produzione riuscirebbe a farcela.

Gianni   Non è un problema. Lo stabilimento di Amburgo potrebbe incrementare la produzione. Lì abbiamo la capacità di riserva che ci serve.[1]

Elena   Hai già parlato con i responsabili di quello stabilimento?

Gianni   Sì, e sono convinti di farcela.

Elena   Non possiamo permetterci errori di sorta[2] – il lancio è importantissimo. E per quanto riguarda[3] il programma pubblicitario?

Gianni   È tutto a posto! I testi pubblicitari in pratica sono già pronti. La pubblicazione degli annunci pubblicitari[4] potrebbe essere anticipata a dicembre.

Elena   Sì, questo sarebbe vantaggioso, ma prima vorrei parlarne con gli amministratori. La riunione è domani alle 14. Puoi venire?

Gianni   Ho degli impegni, ma posso riorganizzarli.

Elena   Bene. Senti, adesso ho un'altra riunione, ma ti raggiungo[5] più tardi.

Gianni   D'accordo. A più tardi.

---

1   Alternative to *che ci serve*: *di cui abbiamo bisogno*.
2   *di sorta* is used in a negative sense; it means *of no kind*. Alternative to *di sorta*: *di nessun genere*.
The following alternatives may be used:
3   *riguarda*: *concerne*;
4   *annunci*: *messaggi*;
5   *ti raggiungo*: *ci vediamo*.

21 Exploring business collaboration

Mr Berryman *(visitor)*	Pleased to meet you, Monsieur Maurois, and thank you for arranging my hotel.
M. Maurois *(local businessman)*	The pleasure is mine, Mr Berryman. You wanted to discuss possible joint ventures with us.
Mr Berryman	Yes we are both in building and civil engineering. We want to expand into Europe. You might find us useful partners.
M. Maurois	It's a pity we didn't begin these discussions three months ago; we recently wanted to bid for a stretch of motorway in this region but we did not quite have the resources.
Mr Berryman	Was there no local company you could combine with?
M. Maurois	Unfortunately we are the only firm in the region with the necessary expertise. You would have been a good partner – we have made a study of your past projects.
Mr Berryman	And we have studied you, of course. We were thinking of the proposed port development just down the road.
M. Maurois	You are really on the ball, Mr Berryman. We have just received the detailed specifications and were contemplating a tender.
Mr Berryman	And I have the spec in English in my briefcase! Shall we roll our sleeves up and work out a joint tender?

21 Esame di possibile collaborazione commerciale

Sig. Birmani	Piacere di conoscerla, monsieur Maurois e grazie per avermi prenotato l'albergo.
M. Maurois	Piacere mio, signor Birmani. Voleva discutere le possibilità di joint-venture con la nostra azienda?
Sig. Birmani	Sì, operiamo entrambi nel settore dell'ingegneria edilizia e civile. Vogliamo ampliare[1] la nostra attività in Europa e la nostra società potrebbe essere una partner utile per la vostra.
M. Maurois	È un peccato che non abbiamo avviato[2] queste discussioni tre mesi fa. Qualche tempo fa volevamo presentare un'offerta d'appalto per i lavori su un tratto d'autostrada in questa regione, ma non disponevamo di tutte le risorse necessarie.
Sig. Birmani	Non c'erano aziende locali con cui avreste potuto collaborare?
M. Maurois	Purtroppo siamo l'unica impresa della regione che dispone della competenza necessaria. La vostra azienda sarebbe stata un'ottima partner – abbiamo preso in esame i progetti che avete realizzato finora.
Sig. Birmani	E noi abbiamo studiato la vostra attività, naturalmente. Stavamo pensando al previsto ampliamento del porto qui vicino.
M. Maurois	Lei è proprio informatissimo, signor Birmani! Abbiamo appena ricevuto il capitolato d'appalto e stavamo considerando la possibilità di presentare un'offerta.
Sig. Birmani	E io ho il capitolato in italiano nella ventiquattrore! Ci rimbocchiamo le maniche e prepariamo un'offerta d'appalto congiunta?

The following alternatives may be used:
1 *accrescere;*
2 *iniziato.*

22 At the travel agent's

(a) Enquiry/booking

Traveller Could you give me details of flights to Wellington, New Zealand, please?

Assistant When do you wish to fly?

Traveller The first week of June.

Assistant Let me see. Which day do you want to depart?

Traveller Tuesday, if possible.

Assistant There's a flight leaving Sydney at 8 a.m. which gets into Wellington at 1 p.m. Do you want to make a booking?

Traveller How much is the flight?

Assistant It is 725 Australian dollars return.

Traveller OK. Go ahead.

(b) Changing a booking

Traveller I'd like to change a flight reservation for Mr David Street.

Assistant Could you give me the flight details?

Traveller BY567 to Rome on 21st March. Would it be possible to change it to 23rd March?

Assistant I'll just check. That's OK. The flight leaves at the same time. I'll issue a new ticket and send it to you later today.

Traveller Thank you.

22 Agenzia di viaggi

(a) Richiesta di informazioni/ prenotazione

Viaggiatore	Potrebbe darmi delle informazioni sui voli per Wellington, in Nuova Zelanda, per favore?
Impiegata	Quando vorrebbe viaggiare?
Viaggiatore	Nella prima settimana di giugno.
Impiegata	Un attimo prego. In quale giorno della settimana vorrebbe viaggiare?
Viaggiatore	Di martedì, possibilmente.[1]
Impiegata	C'è un volo che parte da Sydney alle 8 che arriva a Wellington alle 13. Vuole fare la prenotazione?[2]
Viaggiatore	Quanto costa il biglietto?
Impiegata	Andata e ritorno – 725 dollari australiani.
Viaggiatore	D'accordo. Proceda.

1 Translate: if possible.
2 Alternative: *Vuole prenotare?*

(b) Modifica di prenotazione

Viaggiatore	Vorrei modificare[1] la prenotazione di un volo per il signor Strada Davide.[2]
Impiegata	Mi può dare i dati sul volo?
Viaggiatore	BY567 per Roma il 21 marzo. Potrebbe cambiare la data al 23 marzo?
Impiegata	Un attimo, controllo. Si va bene. Il volo parte alla stessa ora. Le emetto un altro biglietto e glielo mando più tardi oggi stesso.
Viaggiatore	Grazie.

1 Alternative: *cambiare.*
2 In Italian the surname is frequently stated before the first name.

(c) Flight cancellation

Client	I'm ringing on behalf of Mrs Mary Thomas. She was due to fly to Cape Town next Thursday, but she has unfortunately fallen ill.
Assistant	I see.
Client	Can she get a refund on her ticket?
Assistant	How did she pay?
Client	By cheque, I think.
Assistant	If she took out travel insurance she will be able to get her money back, if her doctor signs a certificate.
Client	I'd better ask her if she took out any insurance and then I'll get back to you.

23 Checking in at the airport

Assistant	Good evening, Sir. Can I have your ticket and passport?
Passenger	Certainly.
Assistant	Are you travelling alone?
Passenger	Yes, that's right.
Assistant	How many items of luggage are you checking in?
Passenger	Just this case.
Assistant	Can you put it on the belt, please? Can I ask you if you packed it yourself?
Passenger	Yes.
Assistant	Are there any electrical items in it?
Passenger	No, they're in my hand baggage.
Assistant	What are they?
Passenger	An electric shaver and a lap-top computer.
Assistant	That's fine. Do you want smoking or non-smoking?
Passenger	Non-smoking please.

(c) Disdetta di prenotazione

Cliente	Telefono per conto della signora DiTommaso Marina. Dovrebbe partire per Città del Capo giovedì prossimo, ma purtroppo si è ammalata.
Impiegato	Capisco.
Cliente	Potrà richiedere il rimborso del costo del biglietto?
Impiegato	In che modo ha effettuato il pagamento?
Cliente	Con un assegno bancario, credo.
Impiegato	Se si è assicurata per il viaggio potrà richiedere il rimborso presentando un certificato firmato dal suo medico personale.
Cliente	Le chiedo allora se si è assicurata e poi la richiamo.

23 Formalità di accettazione all'aeroporto[1]

Impiegata	Buona sera. Biglietto e passaporto, prego.
Passeggero	Eccoli.
Impiegata	Viaggia da solo?
Passeggero	Sì.
Impiegata	Quante valigie presenta?
Passeggero	Solo questa.
Impiegata	La metta sul nastro trasportatore, per favore. Ha fatto la valigia personalmente?
Passeggero	Sì.
Impiegata	Contiene articoli elettrici?
Passeggero	No, quelli li ho messi nel bagaglio a mano.
Impiegata	Che articoli sono?
Passeggero	Un rasoio elettrico e un computer lap-top.
Impiegata	Bene. Preferisce un posto per fumatori o non fumatori?[2]
Passeggero	Non fumatori, grazie.

1 Alternative to *accettazione*: *check-in*.
2 Smoking is not allowed on flights over Italian territory.

24 Checking in at a hotel

Receptionist	Good afternoon, madam.
Guest	Good afternoon. I have a reservation in the name of Battersby.
Receptionist	A single room for two nights?
Guest	Surely that was changed to a double room? My husband is due to join me later this evening.
Receptionist	I'll just check. Oh, yes, there is a note to that effect. Please fill in this form. How do you wish to pay?
Guest	By credit card.
Receptionist	If I can take the details, I can have your bill ready for you when you check out.
Guest	Here you are.
Receptionist	Thank you. Will you be having dinner at the hotel?
Guest	Yes, dinner for me only. Can I also order an early call tomorrow morning and can we have a newspaper?
Receptionist	At 6 o'clock, 6.30?
Guest	That's too early. Say seven o'clock. And could we have a copy of *The Times*?
Receptionist	I am sorry but we will not have the London *Times* until tomorrow afternoon. Would you like the *Herald Tribune* or perhaps an Italian newspaper?
Guest	No, thank you. I'll leave it. Can you call me a taxi for half an hour from now? And what time is dinner by the way?

24 Registrazione in albergo

Impiegato	Buongiorno.
Cliente	Buongiorno. Ho prenotato una camera nel nome di Battersby.
Impiegato	Camera singola per due notti?
Cliente	No, no, la prenotazione è stata cambiata per una matrimoniale! Mio marito dovrebbe raggiungermi più tardi stasera.
Impiegato	Un attimo prego, controllo. Oh sì, c'è un appunto che lo conferma. Compili questo modulo per favore. Come vuole pagare?
Cliente	Con la carta di credito.
Impiegato	Prendo i dati e il conto sarà pronto alla fine del suo soggiorno in questo albergo.
Cliente	Prego.
Impiegato	Grazie. Cenerà in albergo stasera?
Cliente	Sì, cena per me soltanto. Potrei anche chiedere la sveglia per domani mattina e potremmo anche avere un quotidiano[1] la mattina?
Impiegato	La sveglia alle sei, sei e mezzo?
Cliente	È troppo presto. Facciamo alle sette. E potremmo avere una copia del *Times*.
Impiegato	Mi dispiace ma *il Times* non arriverà fino a domani pomeriggio. Vorrebbe *l'Herald Tribune* o magari un giornale italiano?
Cliente	No grazie. Non importa! Vorrei un taxi fra mezz'ora, me lo chiama per cortesia? E potrebbe dirmi a che ora servite la cena?

1   Alternative: *giornale*.

25 Checking out of a hotel

Guest	I would like to check out now.
Receptionist	Certainly, sir. What is your room number?
Guest	324.
Receptionist	Mr Lawrence? Did you make any phone calls this morning? Have you used the mini-bar?
Guest	No, I haven't made any calls since yesterday evening. Here is my mini-bar slip.
Receptionist	Thank you. Would you be so kind as to fill in the hotel questionnaire while I total your bill? How do you wish to pay?
Guest	By credit card.
Receptionist	Fine. May I have your card? Thank you. I'll just be a minute. There you are, Mr Lawrence. Thank you very much.

25 Partenza dall'albergo e pagamento del conto

Cliente	Vorrei pagare[1] il conto per favore.
Impiegato	Certamente. Qual è il numero di camera?
Cliente	324.
Impiegato	Signor Lawrence? Ha fatto delle telefonate stamattina? Ha usato il frigobar in camera?
Cliente	No, non faccio telefonate da ieri sera. Eccole il tagliando del frigobar.
Impiegato	Grazie. Potrebbe compilare[2] questo questionario sull'hotel mentre le preparo il conto? Come desidera[3] pagare?
Cliente	Con la carta di credito.
Impiegato	Benissimo. Può darmi la carta? Grazie. Un attimo prego. . . Ecco a lei, signor Lawrence.

The following alternatives may be used:
1 *saldare;*
2 *riempire;*
3 *preferisce.*

26 Ordering a meal in a restaurant

Waitress	Good afternoon, madam. Would you like the menu?
Customer 1	Yes, thank you. And may we have a dry white wine and a pint of lager whilst we are choosing our meal?
Waitress	Certainly. Here is the menu; we also have a chef's special set meal at 15 dollars.

* * *

Customer 1	Would you like to have a look first?
Customer 2	No: I'll have what you recommend as you know the local cuisine far better than I do. But I'm looking forward to my lager.
Customer 1	Fine. Here come the drinks, anyway. May we have two hors d'œuvres? Then for main course two pepper steaks with vegetables and roast potatoes. I think we'll also have a bottle of house red with the steak.
Waitress	A bottle of red, two hors d'œuvres and two pepper steaks.

* * *

Waitress	Have you enjoyed your meal?
Customer 1	Yes, it was fine, thank you. I think we'll skip the sweet as we are running a bit late. Just two black coffees and the bill, please.

* * *

Waitress	Your coffee and the bill, madam. Could you pay the head waiter at the till when you leave?
Customer 1	Of course. And this is for you.
Waitress	Thank you, madam.

26 Come ordinare il pranzo in ristorante

Cameriera	Buongiorno. Desidera il menu?
Cliente 1	Sì, grazie. E vorremmo un aperitivo[1] e una birra bionda mentre diamo una scorsa[2] al menu.
Cameriera	Va bene. Eccole il menu; offriamo anche un pranzo speciale selezionato dal nostro chef[3] al costo di 25 mila lire.

* * *

Cliente 1	Vuole leggerlo prima lei?
Cliente 2	No, prendo quello che raccomanda lei perché conosce la cucina locale meglio di me. Non vedo l'ora di bere quella birra.
Cliente 1	Bene. Ecco, arrivano le bibite. Vorremmo due antipasti misti. Per secondo poi due bistecche al pepe nero con contorno di verdura e patate arrosto. Con le bistecche prendiamo una bottiglia del vino rosso della casa.
Cameriera	Una bottiglia di vino rosso, due antipasti e due bistecche al pepe.

* * *

Cameriera	Hanno gradito il pranzo?[4]
Cliente 1	Sì, molto, grazie. Tralasciamo il dolce[5] perché siamo un po' in ritardo. Ci porti due espressi e il conto, per cortesia.

* * *

Cameriera	Due caffè e il conto. Può pagare il conto al capocameriere alla cassa all'uscita.
Cliente 1	Certo. E questo è per lei.
Cameriera	Grazie.

1 White wine wouldn't be drunk in Italy before a meal and the wine would be chosen only according to the main dish; before the meal an *aperitivo* or *bitter analcolico* would be preferred instead.
2 Alternative to *una scorsa*: *uno sguardo*.
3 Alternative: *capocuoco*.
4 This very typical English question wouldn't be asked in Italy because it would question the good quality and perfection of the meal and the service offered to customers.
5 Italians do not normally eat a sweet/pudding to complete a meal; they almost always have fresh fruit instead.

27 Verifying a bill

Waiter	Yes sir? Did you enjoy your meal?
Customer	Yes, but can I check the bill with you?
Waiter	Certainly – is there a problem?
Customer	I think there might be a mistake – we had four set menus at £15 a head and also the aperitifs and the wine.
Waiter	Yes?
Customer	But what's this item here?
Waiter	Four whiskies, sir. £10.
Customer	But we didn't have any!
Waiter	Just a moment sir, I'll check it for you. . . . Sorry, my mistake. I'll get you an amended bill at once.
Customer	Thank you.

27 Controllo del conto in ristorante

Cameriere	Sì?[1] Ha gradito il pranzo?
Cliente	Sì, grazie. Potrei controllare il conto con Lei?
Cameriere	Certo – c'è qualcosa che non va?
Cliente	Mi pare[2] ci sia un errore[3] – abbiamo preso quattro pasti completi a 25 mila lire ciascuno, più gli aperitivi e il vino.
Cameriere	Sì?
Cliente	Questo cos'è?
Cameriere	Quattro whisky. 20 mila lire.
Cliente	Ma non abbiamo preso whisky!
Cameriere	Un attimo. Controllo. . . . Mi scusi, ho sbagliato io. Le porto immediatamente un conto rettificato.
Cliente	Grazie.

1 'Sir' has not been translated here in Italian. The polite and formal approach is evident in the use of the *lei* form.
2 Alternatives to *Mi pare*: *Mi sembra, Credo*.
3 Alternative: *sbaglio*.

28 Drawing up a schedule of visits for reps

Senior representative	Thanks for coming to this meeting. I thought it would be useful to discuss areas for the autumn quarter.
Representative 2	Conveniently enough the schedule of leads and follow-up visits shows a roughly equal split between the northwest, northeast and southwest regions.
Representative 3	We need to consider what to do about the lack of interest in our products in the southeast.
Senior representative	There is also a scattering of trade fairs that one or other of us should attend, including one in Marseilles in mid-September.
Representative 2	Perhaps we should all be there to work out a strategy for the southeast. And we could all be at the Paris Salon des Arts Ménagers in early November.
Representative 3	Good idea. I have some contacts that might help. We'll proceed as originally suggested? Me in Bordeaux, George in Lille and Alf in Strasbourg?
Senior representative	That all seems OK. Are you happy Alf? Apart from the Marseilles and Paris fairs we can each do our regional fairs individually.
Representative 2	I am happy with that. Same budget as last year?
Senior representative	I am glad you asked. The operating budget has been increased by a meagre 5 per cent. Any requests for increased staffing need to be justified by increased business.
Representative 3	So what else is new? Let's get those dates in our diaries.

28 Preparazione del programma di visite di rappresentanti

Rappresentante anziano	Vi ringrazio per essere venuti a questa riunione.[1] Ho pensato che sarebbe utile discutere sulla situazione delle regioni per il trimestre autunnale.
Rappresentante 2	Il piano di lavoro[2] indica chiaramente che le richieste di informazioni e le visite successive sono distribuite più o meno in uguale misura nelle regioni nord-occidentali, nord-orientali e sud-occidentali.
Rappresentante 3	Dobbiamo anche decidere quali misure adottare per eliminare la[3] mancanza di interesse nei nostri prodotti nel Sud-est.
Rappresentante anziano	Dobbiamo anche considerare alcune mostre a cui alcuni di noi dovrebbero partecipare, inclusa quella di Marsiglia a metà settembre.
Rappresentante 2	Forse dovremmo andarci tutti per elaborare[4] una strategia per il Sud-est. E potremmo anche andare tutti alla Fiera degli Articoli Casalinghi di Parigi all'inizio di novembre.
Rappresentante 3	Ottima idea! Ho dei contatti che potrebbero esserci utili. Procediamo come era stato proposto inizialmente: io a Bordeaux, Giorgio a Lilla e Alfredo a Strasburgo?
Rappresentante anziano	Va bene. Sei d'accordo, Alfredo? A parte le mostre di Marsiglia e Parigi possiamo partecipare singolarmente alle nostre esposizioni regionali.
Rappresentante 2	Mi va benissimo. Lo stesso budget dell'anno scorso?
Rappresentante anziano	Sono contento che me l'abbia chiesto. Il budget operativo[5] è salito di appena il 5%. Le eventuali richieste di altro personale dovranno essere giustificate da un maggiore giro d'affari.
Rappresentante 3	Come se non lo sapessimo! Annotiamo queste date nei diari, allora?

The following alternatives may be used:
1   *a questa riunione: a questo incontro;*
2   *piano di lavoro: programma di lavoro;*
3   *eliminare la: ovviare alla, rimediare la;*
4   *elaborare: trovare;*
5   *budget operativo: budget dei costi e dei ricavi.*

29   Conducted visit of a department

Guide	Before I show you round the department, come and meet my deputy, Frederick Fallon.
Miss Smith	Pleased to meet you, Mr Fallon.
Frederick Fallon	Welcome to the department, Miss Smith.
Guide	Frederick is responsible for the day-to-day running of the department. I'll take you round now. This is the general office, with Mrs Jones looking after reception and typists and PC operators.
Miss Smith	How many secretaries work for Mrs Jones?
Guide	Normally five. One is currently on sick leave and one on holiday. . . . This is the overseas sales office. They have their own fax machines and deal directly with our agents in Europe. . . . And this is the design section. Most of their work is now done by CAD/CAM. They've got some of the most sophisticated computer equipment in the company. Let me introduce you to David Green who is responsible for the CAD/CAM. David, can I introduce Miss Smith.
David Green	Pleased to meet you, Miss Smith.
Guide	David has four designers working for him. And finally, this is Ted Stolzfuss, who is over here from our American parent company. Ted, meet Miss Smith. Ted is with us to look at the way we operate in Europe.

29 Visita guidata ad un reparto

Guida	Prima di mostrarle il reparto le presento il mio sostituto, Federico Frizi.
Signorina Sanni	Piacere di conoscerla, signor Frizi.
Federico Frizi	Benvenuta al nostro reparto, signorina Sanni.
Guida	Frizi è responsabile del funzionamento giornaliero del reparto. Prego, l'accompagno. Questo è l'ufficio amministrativo generale: la signora Giannini si occupa dei servizi di accettazione[1] e del reparto di dattilografi e operatori della ditta.
Signorina Sanni	Quante segretarie lavorano nel reparto della signora Giannini?
Guida	In genere cinque: una è attualmente in congedo per malattia e un'altra è in ferie. . . . Questo è l'ufficio delle vendite estere; qui i dipendenti dispongono di macchine telefax e trattano direttamente con gli agenti della ditta in Europa. . . . E questo è il settore riservato al design. La maggior parte del lavoro dei progettisti viene ormai fatta con il CAD/CAM: i computers che utilizzano sono alcuni dei più avanzati dell'intera azienda. Posso presentarle Davide Giunti che è responsabile del CAD/CAM. Davide, le presento la signorina Sanni.
Davide Giunti	Molto lieto, signorina Sanni.
Guida	Davide ha quattro designers che lavorano nel suo reparto. E per concludere, ecco Ted Stolzfuss, che proviene dalla nostra casa madre[2] americana. Ted, le presento la signorina Sanni. Ted è qui da noi per osservare come operiamo in Europa.

1 Alternative to *accettazione*: reception.
2 Alternatives to *casa madre*: *società controllante, società di controllo, società madre, holding*.

30 Informal job interview

Personnel manager	Good morning, Sra Jiménez, and welcome. I hope you had no trouble getting here.
Gloria Jiménez	Good morning. Thank you, it was nice of you to invite me in for a chat.
Personnel manager	First, let me introduce you to Pepe Romero, who is in charge of advertising. As you can see, he's always snowed under with work, eh Pepe? Gloria Jiménez, Pepe Romero.
Pepe Romero	Pleased to meet you. Don't take her too seriously, Gloria, you'll see for yourself when you start next week.
Gloria Jiménez	How many staff do you have in this department?
Pepe Romero	Seven fulltimers and a couple of freelancers who help out when we have special projects on.
Gloria Jiménez	It looks a friendly set-up, anyway.
Personnel manager	Yes, you're right, they are one of our most efficient and successful departments. Would you like to meet Fernando, with whom you will be working most closely? He is our art director.
Gloria Jiménez	Fine. Has he been with the company for a long time?
Personnel manager	No, he was brought in recently when the company merged. Oh, it looks as if he's in a meeting, so we'll wait here and talk a bit more about you. How did you get into commercial design?
Gloria Jiménez	After university I realized that there were good prospects for young people with ideas in the field of design and advertising, so I took a course in advertising in Seville not long before the World Fair was awarded to the city.
Personnel manager	Did you actually work on the World Fair project?
Gloria Jiménez	Yes, my first job was with a Japanese agency that was promoting its high-tech industries, and I carried on until the Fair closed last year.
Personnel manager	That sounds just the sort of experience we are looking for. Ah, here comes Fernando...

30 Colloquio informale

Direttore personale	Buongiorno, signora Jiménez. Molto lieto! Spero non abbia avuto difficoltà nel trovare i nostri uffici.
Gloria Jiménez	Buongiorno. La ringrazio dell'invito rivoltomi per fare una chiacchierata.
Direttore personale	Innanzi tutto[1] mi permetta di presentarle Pepe Romero, che è responsabile della pubblicità. Come vede Pepe è sempre sovraccarico di lavoro, vero Pepe? Gloria Jiménez, Pepe Romero.
Pepe Romero	Molto lieto. Non lo prenda sul serio Gloria; lo constaterà di persona quando comincerà a lavorare qui la settimana prossima.
Gloria Jiménez	Quanti dipendenti avete in questo reparto?
Pepe Romero	Sette dipendenti a tempo pieno e due collaboratori esterni[2] con cui lavoriamo per progetti speciali.
Gloria Jiménez	L'atmosfera sembra simpatica.
Direttore personale	Sì, è vero, è uno dei nostri reparti più efficienti e di maggiore successo. Vuole incontrare Fernando con cui lavorerà direttamente? È il nostro direttore artistico.
Gloria Jiménez	D'accordo. È da molto che lavora per l'azienda?
Direttore personale	No, è qui da poco, è arrivato dopo la fusione[3] dell'azienda. Oh, sembra che sia impegnato in una riunione; aspettiamo qui e parliamo un po' di lei. Che cosa l'ha spinta ad occuparsi di design commerciale?
Gloria Jiménez	Dopo la laurea mi sono resa conto che c'erano ottime prospettive per giovani ricchi di idee nel campo del design e della pubblicità. Perciò ho seguito un corso in pubblicità a Siviglia prima che fosse scelta come sede per la Fiera Mondiale nella città.
Direttore personale	Ha effettivamente lavorato al progetto della Fiera Mondiale?
Gloria Jiménez	Sì, il primo incarico l'ho avuto presso un'agenzia giapponese che promuoveva le sue industrie ad alta tecnologia[4] fino alla conclusione[5] della Fiera l'anno scorso.
Direttore personale	Mi sembra proprio il tipo di esperienza che cerchiamo. Ah, ecco Fernando!

The following alternatives may be used:
1 *prima di tutto*; 2 *collaboratori esterni: liberi professionisti, collaboratori a cachet, collaboratori free lance*; 3 *la fusione: l'incorporazione*; 4 *ad alta tecnologia: tecnologicamente avanzate, a elevata tecnologia*; 5 *alla conclusione: al termine, alla fine*.

31 Formal job interview

Part 1

Interviewer	Do come in, Ms Ruskin, and take a seat.
Mary Ruskin	Thank you.
Interviewer	How did you find the tour of the offices?
Mary Ruskin	Very interesting, and everyone was very happy to answer my questions.
Interviewer	That's good. Well, if I can make a start, can you tell us why you want this particular post?
Mary Ruskin	As I said in my application, I'm working with quite a small company at the moment. My promotion prospects are limited because of that.
Interviewer	So that is your main reason?
Mary Ruskin	Not just that. I've been with the company for five years now, and although I found the work interesting at first, I now feel that I want a more varied post which is more challenging.
Interviewer	Do you think this job would meet your requirements?
Mary Ruskin	Yes, I do. You're a big company in the process of expansion, and the department I'd be working in would give me much more variety.
Interviewer	Do you think that moving from a small department to a much larger one would be a problem?
Mary Ruskin	It would be rather new at first, but I was working with a big company before my present job, and I do integrate well. I'm sure I'll fit in well in the new environment.

31 Colloquio[1] formale

Prima parte

Intervistatrice	Venga, signorina Rusconi, si accomodi!
Maria Rusconi	Grazie.
Intervistatrice	Come ha trovato la visita agli uffici?
Maria Rusconi	Molto interessante e tutti hanno risposto volentieri alle mie domande.
Intervistatrice	Bene. Dunque. Per cominciare, ci dica perché vorrebbe ricevere questo incarico.
Maria Rusconi	Come ho detto nella mia domanda d'impiego, attualmente lavoro presso un'impresa di dimensioni piuttosto piccole. Per questo le mie prospettive di promozione sono limitate.
Intervistatrice	Questo è il motivo principale?
Maria Rusconi	Non solo. Lavoro in questa ditta da cinque anni ormai, e, anche se inizialmente trovavo il lavoro interessante, adesso vorrei una posizione più stimolante, con più diversità.
Intervistatrice	Secondo lei questo impiego risponderebbe alle sue esigenze?
Maria Rusconi	Sì, ne sono convinta! La vostra è una grande azienda in fase di sviluppo ed il reparto in cui sarei impiegata mi consentirebbe una maggiore diversità.
Intervistatrice	Pensa che il trasferimento da un reparto piccolo ad uno molto più grande le porrebbe dei problemi?
Maria Rusconi	Inizialmente sarebbe un'esperienza piuttosto nuova, ma prima di lavorare dove sono attualmente ero impiegata presso una grande società; e riesco ad inserirmi bene nel campo del lavoro. Sono sicura di riuscire ad adattarmi bene al nuovo ambiente.

1   Alternative: *intervista.*

Part 2

Interviewer	As you know, we're a multinational organization, and that means that one of the things we're looking for in this post is a competence in languages.
Mary Ruskin	Yes, well, as you'll see from my CV I studied German and Spanish at school, and I've lived and worked in France for several years.
Interviewer	How would you describe your language competence?
Mary Ruskin	My French is fluent, and I can still remember the basics in German and Spanish.
Interviewer	What if we asked you to take further language training?
Mary Ruskin	I'd welcome that. I feel that it's important to get them to as high a level as possible.
Interviewer	Fine. On another issue: if we were to offer you the post, when could you take it up?
Mary Ruskin	In two months. I'm working on a project in my current post, and I'd like to see that through first. Would that be a problem?
Interviewer	I don't think so, but I'd have to check with the department before confirming, of course. Well now, are there any questions you want to ask us?
Mary Ruskin	Just two: in the advert for this job you mention your management training programme. Can you tell me more about it?
Interviewer	Yes, we expect all our middle managers to try to reach their full potential through self-development. We help them in that by running a series of in-house residential training courses.
Mary Ruskin	How often?
Interviewer	Three or four times a year, and we expect everyone to attend them, as far as possible.
Mary Ruskin	That's fine. One other question, if I may?
Interviewer	Certainly.
Mary Ruskin	When will I hear if I've got the job?
Interviewer	We'll be contacting the successful candidate by phone this evening, and we'll be writing to the others.
Mary Ruskin	Thanks very much.
Interviewer	Well, thank you for coming to interview, Ms Ruskin. Goodbye.
Mary Ruskin	Goodbye.

Seconda parte

Intervistatore	Come sa, la nostra è un'organizzazione multinazionale, e per questo una delle qualità che ricerchiamo per questo incarico è la competenza linguistica dei candidati.
Maria Rusconi	Sì, come vede dal mio curriculum, ho studiato tedesco e spagnolo a scuola, e ho vissuto e lavorato in Francia per diversi anni.
Intervistatore	Come considera la sua competenza linguistica?
Maria Rusconi	Parlo il francese correntemente, e mi ricordo ancora i principi basilari sia del tedesco che dello spagnolo.
Intervistatore	E se la invitassimo a continuare lo studio delle lingue?
Maria Rusconi	Sarei disposta a farlo! Penso che sia importante conoscere le lingue straniere al livello più alto possibile.
Intervistatore	Bene. Un'altra cosa: se le offrissimo questo incarico, quando potrebbe cominciare a lavorare qui?
Maria Rusconi	Fra due mesi. Nella ditta dove lavoro attualmente sono impegnata con un progetto e vorrei portarlo a termine.[1] Ci sarebbero delle difficoltà?
Intervistatore	Non penso, ma, naturalmente, prima di confermarglielo dovrò chiedere la convalida al reparto. Ha qualche domanda?
Maria Rusconi	Solo due: nell'inserzione per questo impiego citate un programma di formazione[2] per managers. Potrebbe darmi qualche altro dato?
Intervistatore	Sì, esigiamo che tutti i nostri managers di livello medio si impegnino a raggiungere il loro pieno potenziale sviluppando al massimo le capacità a livello personale. Li sosteniamo in questo con una serie di corsi aziendali di addestramento sul posto di lavoro.[3]
Maria Rusconi	Ogni quanto tempo si tengono questi corsi?
Intervistatore	Tre o quattro volte all'anno, e richiediamo la partecipazione di tutti, per quanto possibile.
Maria Rusconi	Benissimo! Posso farle un'altra domanda?
Intervistatore	Prego!
Maria Rusconi	Quando saprò se sono stata assunta?
Intervistatore	Contatteremo il candidato prescelto per telefono stasera, e scriveremo agli altri.
Maria Rusconi	Grazie.
Intervistatore	Bene, la ringrazio per essere venuta al colloquio, signorina Rusconi. Arrivederla.
Maria Rusconi	Arrivederla.

1 Alternatives to *portarlo a termine: completarlo, concluderlo.*
2 Alternative to *programma di formazione: programma di addestramento.*
3 *In-house* can also be rendered with *intra-aziendale, interno.*

73

Part 3

Mary Ruskin	Hello. Mary Ruskin.
Roger Carter	Good evening, Ms Ruskin. Roger Carter here, from Keystone Engineering. I'm ringing to offer you the post here.
Mary Ruskin	Really? Well, thank you very much!
Roger Carter	I suppose the first question has to be whether or not you wish to accept the post.
Mary Ruskin	Yes, I do. Thank you.
Roger Carter	The starting salary, as we agreed, would be £..., with a salary review after your first six months.
Mary Ruskin	Yes, that's fine.
Roger Carter	When could you start?
Mary Ruskin	As I explained at interview, there is a project I'm working on at the moment that I'd like to see through. So if possible I'd like to start in two months.
Roger Carter	Shall we say the 1st of June, then?
Mary Ruskin	Probably. I'll just need to discuss things with my present employer first. I'll do that after I get your offer in writing, and then ring you.
Roger Carter	You'll need to get down here a few times before, of course, to meet one or two people and get the feel of the place.
Mary Ruskin	Yes, certainly. I'd like to do that.
Roger Carter	Well then, I'll get our personnel people to send the formal written offer to you. That should be with you in a couple of days.
Mary Ruskin	Thank you for offering me the post.
Roger Carter	Look forward to working with you. Bye.
Mary Ruskin	Goodbye.

Terza parte

Maria Rusconi	Buona sera, Maria Rusconi, mi dica!
Ruggero Carta	Buona sera, signorina Rusconi. Sono Ruggero Carta della Perni Ingegneria. Le telefono per offrirle l'incarico nella nostra azienda.
Maria Rusconi	Davvero? La ringrazio tantissimo!
Ruggero Carta	Devo chiederle ufficialmente se desidera accettare l'incarico o meno.
Maria Rusconi	Sì, l'accetto. Grazie!
Ruggero Carta	Lo stipendio mensile iniziale, come convenuto, sarà di lire ..., e sarà revisionato[1] dopo i primi sei mesi di impiego.
Maria Rusconi	Va bene.
Ruggero Carta	Quando potrebbe cominciare?
Maria Rusconi	Come ho spiegato durante il colloquio, attualmente sono impegnata in un progetto e vorrei portarlo a termine. Se fosse possibile vorrei iniziare fra due mesi.
Ruggero Carta	Diciamo il 1°[2] giugno prossimo?
Maria Rusconi	Penso di sì. Devo discuterne con il mio datore di lavoro attuale. E lo farò non appena avrò ricevuto la sua lettera di conferma dell'offerta di impiego, e poi le telefonerò.
Ruggero Carta	Dovrà anche venire qui in azienda qualche volta prima di iniziare, naturalmente, per incontrare alcuni dipendenti e per familiarizzarsi con l'ambiente.
Maria Rusconi	Sì, certamente! D'accordo.
Ruggero Carta	Chiederò all'ufficio personale di inviarle l'offerta d'impiego ufficiale. Dovrebbe pervenirle[3] fra qualche giorno.
Maria Rusconi	Grazie per avermi offerto l'incarico.
Ruggero Carta	Attendiamo con interesse l'inizio della nostra collaborazione. Arrivederla.
Maria Rusconi	Buongiorno.

1 Alternative: *riesaminato*.
2 Abbreviation of *primo*.
3 Alternative to *Dovrebbe pervenirle*: *La dovrebbe ricevere*.

32 Planning a budget

Managing director	All right, if I can open the meeting. This need not be too formal but I hardly need to say how important it is. We've all received a copy of our balance sheet.
Director 2	It makes very pleasant reading, 11 per cent growth on the preceding year...
Managing director	Don't get carried away Derek. I've looked at our orders and would suggest that we should not budget for more than 5 per cent growth in the coming year.
Director 2	Does that mean an average 5 per cent increase in expenditure all round?
Director 3	Most of the increase will be forced on us. We have got to give the staff a cost of living increase, fuel for the vans is bound to increase by at least 5 per cent.
Managing director	We certainly cannot recruit extra staff at this point so I agree with that. Is there any equipment we need to replace, Derek?
Director 2	The production stuff is in good nick and we have at least 20 per cent spare capacity. The vans are OK, not too much mileage.
Director 3	Rosemary needs a new printer and we could all do with a higher spec photocopier. We probably need to up our marketing effort.
Managing director	I am relying on you to watch the monthly cash flow like a hawk, Bill. Most of my time is taken looking for new business. What about production costs, Derek?
Director 2	I reckon we can increase production by 10 per cent with hardly any extra cost and no danger. How about that!
Managing director	And the bank is happy with the state of our overdraft. That all looks fairly satisfactory. As long as we continue to work with commitment.

32 Pianificazione del bilancio[1]

Amministratore delegato	Va bene, diamo inizio[2] alla seduta. Non è necessario essere troppo formali, ma devo ugualmente sottolineare l'importanza di quanto verrà discusso in questa sede. Avete tutti una copia del bilancio patrimoniale?
2° Consigliere delegato	È molto interessante; un aumento dell'11% rispetto al bilancio patrimoniale dell'anno precedente.[3]
Amministratore delegato	Non si lasci trascinare dall'entusiasmo! Ho preso in esame gli ordini che abbiamo ricevuto e direi che non dovremmo prevedere un aumento superiore al 5% per l'anno prossimo.
2° Consigliere delegato	Rappresenterebbe un aumento medio del 5% di tutta la capacità di spesa?
3° Consigliere delegato	Quasi tutto questo aumento ci sarà imposto. Dovremo concedere ai dipendenti un aumento in base all'indice del costo della vita; il carburante per i mezzi di trasporto salirà senza dubbio del 5% almeno.
Amministratore delegato	Di assumere altri dipendenti a questo punto non se ne parla nemmeno, mi pare. Dobbiamo sostituire apparecchiature in qualche reparto, Darici?
2° Consigliere delegato	I macchinari nel reparto di produzione sono in buone condizioni e disponiamo di una capacità di riserva di almeno il 20%. I furgoni sono in ottime condizioni e non hanno fatto troppi chilometri.
3° Consigliere delegato	Alla signorina Samari occorre una nuova stampante e ci serve una fotocopiatrice migliore. Penso che dovremmo accrescere il nostro impegno nel marketing.
Amministratore delegato	Contiamo su di lei per il controllo del cashflow mensile. Personalmente dedico gran parte del mio tempo alla ricerca di nuove opportunità commerciali. E per quanto riguarda i costi di produzione, Darici?
2° Consigliere delegato	Direi che potremo incrementare la produzione del 10% senza incorrere in spese addizionali e senza alcun rischio. Non è male!
Amministratore delegato	E la banca considera soddisfacente l'andamento del nostro scoperto. Sembra che tutto proceda bene. Purché continuiamo ad impegnarci al massimo.

The following alternatives may be used:
1 *budget;*
2 *diamo inizio alla: iniziamo la;*
3 *prima.*

33 Organizing a product launch

Albert Archer	My suggestion is that we hire a river cruiser and take our key accounts for an evening cruise and dinner. After dinner we can unveil our new range of services.
Brian Ball	Do you think that'll be enough?
Albert Archer	Well, when we've informed the key accounts, we can do some promotion in the trade press – some ads and, if possible, a press release. The key accounts managers will just have to keep in touch with their clients. We'll have to wait and see what response we get from the trade journals.
Brian Ball	OK. Let's go ahead with this. Do you want me to get Jim started on the arrangements?
Albert Archer	Yes, you might as well. By the way, what about hospitality for the press? Couldn't we invite them to the Clubroom for a special presentation?
Brian Ball	Good idea! I'll get Jim to see to it.

33 Organizzazione del lancio di un prodotto

Alberto Arcado   Proporrei di noleggiare un cabinato e di organizzare una crociera, seguita da una cena, per i nostri clienti più importanti. Dopo cena possiamo rivelare la nostra nuova gamma di servizi.

Bruno Bolla   Lei dice che[1] sarà sufficiente?

Alberto Arcado   E poi, dopo che informiamo i clienti più importanti possiamo promuovere i nostri prodotti sulla stampa specializzata, con qualche messaggio[2] pubblicitario e, se possibile, un comunicato stampa. Gli addetti ai rapporti con i clienti più importanti dovranno tenersi in contatto con la clientela. Dovremo aspettare e vedere che tipo di risposta riceveremo dalla stampa commerciale.

Bruno Bolla   Va bene. Proseguiamo. Vuole che incarichi Giannini dell'organizzazione?

Alberto Arcado   Sì, direi di sì. E per quanto riguarda l'ospitalità per i rappresentanti della stampa? Cosa ne direbbe di invitarli al Clubroom per una presentazione speciale?

Bruno Bolla   Ottima idea! Chiederò a Giannini di occuparsene.

1   Alternatives to *Lei dice che*: *A suo parere, Secondo lei, Pensa che*.
2   Alternative: *annuncio*.

34 Contacting official agencies

(a) Chamber of Commerce

Roberto Massi   How do you do? I'm Roberto Massi, from Paloma Textiles.

Arturo Castro   Pleased to meet you. Arturo Castro. My staff told me you were going to come by this morning. How can we help?

Roberto Massi   We are thinking of expanding the business, especially to focus on the '30 to 50' market, and were advised to consult the Chamber of Commerce and seek your views on how and where best to establish retail outlets for our fashion products.

Arturo Castro   Well, Sr Massi. I hope you will join the Chamber as and when you set up in the city, but for the time being you are welcome to our assistance.

Roberto Massi   Yes, I understand, but right now we are keen to obtain some information on local retail figures, the competition, some data on the local population, available premises and so on.

Arturo Castro   That's no problem. We can provide you with what you request and much more. Are you likely to be creating any jobs through your new initiative?

Roberto Massi   I think it's inevitable that we will take on new staff, both in the factory and in the local shops. Could you recommend a person whom we could contact in the job centre?

Arturo Castro   Yes, of course. If you'd like to come through to my office, we'll have a coffee and get down to business on this one.

34 Incontro alle agenzie ufficiali

(a) Camera di Commercio

Roberto Massi Buongiorno. Mi chiamo Roberto Massi, e lavoro per la ditta Paloma Tessili.

Arturo Castro Piacere di conoscerla. Arturo Castro. Il mio personale mi aveva detto che sarebbe passato stamattina. Come possiamo assisterla?

Roberto Massi Stiamo pensando di espandere la nostra attività, specialmente per concentrarci sul mercato della moda destinata al pubblico dai 'trenta ai cinquanta' anni di età, e ci è stato consigliato di consultare la Camera di Commercio per trovare il modo e le località migliori per aprire punti di vendita per i nostri articoli di moda.

Arturo Castro Bene, Signor Massi. Mi auguro che iscriva la sua ditta alla Camera di Commercio non appena si sarà stabilito in città, e nel frattempo potrà usufruire della nostra assistenza.

Roberto Massi Sì, d'accordo, ma per il momento vorremmo disporre di dati sull'attività di rivendita in questa zona, sulla concorrenza, sulla popolazione locale, sui locali disponibili ecc.

Arturo Castro Va bene. Siamo in grado di fornirle quanto le occorre e molti altri dati e servizi. Con questa nuova iniziativa prevede la creazione di nuovi posti di lavoro?

Roberto Massi Inevitabilmente dovremo assumere nuovi dipendenti, sia nello stabilimento che nei negozi locali. La Camera di Commercio potrebbe indicarci una persona a cui potremmo rivolgerci nell'ufficio di collocamento?

Arturo Castro Sì, naturalmente. Prego si accomodi nel mio ufficio, prendiamo un caffè e cominciamo a lavorare.

(b) Customs and Excise

Customs and Excise officer	Good morning, sir.
Businessman	Hello, I have a query regarding the import of meat products. I wonder if you can help me.
Customs and Excise officer	Certainly. Can you explain?
Businessman	We're a meat retailer based here in Dover, and we're intending to import a range of cooked meats and sausages from a German supplier. So far we've only been supplied by British companies. I need to know what the regulations are.
Customs and Excise officer	It's rather difficult and complex to explain briefly. There is a range of regulations and restrictions. They're contained in our information brochures. When are you intending to import?
Businessman	We'll get the first shipment in a couple of weeks.
Customs and Excise officer	Then you'd better move fast. I'll collect all the information for you. The best thing is for you to read it and then come back to us with any queries.
Businessman	Fine. I'll get down to it.

(b) Ufficio Dazi Doganali

Impiegato	Buongiorno.
Uomo d'affari	Buongiorno. Vorrei chiedere informazioni sull'importazione di carni. Potrebbe fornirmi questi dati?
Impiegato	Certo. Mi esponga[1] la situazione.
Uomo d'affari	La nostra è una rivendita di carni situata a Bolzano, e vorremmo importare una selezione di affettati[2] e insaccati da un fornitore tedesco. Finora i nostri fornitori sono stati solo italiani. Vorrei sapere quali sono le normative vigenti relative.[3]
Impiegato	È piuttosto difficile e complesso spiegarglielo brevemente. Le normative e le restrizioni in questo campo sono tante; sono tutte esposte nei nostri opuscoli informativi. Quando pensate di importare questi prodotti?
Uomo d'affari	L'arrivo della prima partita[4] è previsto fra due o tre settimane circa.
Impiegato	Beh, allora non c'è tempo da perdere. Le faccio avere le informazioni che le occorrono. Le suggerisco di leggere tutto e di richiamarci per richiedere eventuali chiarimenti.
Uomo d'affari	Va bene. Lo farò senz'altro.

1 Alternatives: *spieghi, descriva.*
2 *Affettati* means sliced ham and salamis.
The following alternatives may be used:
3 *i regolamenti vigenti relativi;*
4 *consegna.*

35 Presenting company policy

(a) Location

Managing director   As you know, it's the company's policy to set up new plants in areas which offer the most advantages. For this reason the liquid detergent plant here will close as soon as the new plant is operational in the south-east. There are both economic and social benefits in doing things this way.

Journalist   What about the people currently working at the plant? What will happen to them? Will they be made redundant?

Managing director   That's not the way we do things here. We'll look to natural wastage and early retirements throughout the company – nobody will be made redundant because of the closure of this plant. Clearly, some people will have to be redeployed and there may be possibilities at the new plant for some of the specialist technicians if they are willing to relocate.

Journalist   How will you reorganize the remaining staff? Would they be entitled to the reimbursement of part of the removal expenses if they agreed to transfer?

Managing director   Clearly we would make available to them a relocation package if they agreed to move; that's standard practice here.

35 Presentazione della politica aziendale

(a) Sede

Amministratore delegato	Come sapete, conformemente alla nostra politica aziendale, siamo soliti impiantare nuovi stabilimenti in zone che ci offrono i massimi vantaggi. Per questo motivo[1] questo impianto di produzione di detersivi liquidi sarà chiuso non appena il nuovo complesso[2] sarà pronto ad entrare in operazione nel sud-est. Questa soluzione comporta dei benefici[3] sia economici che sociali.
Giornalista	E il personale attualmente impiegato[4] nello stabilimento? Quali saranno le conseguenze per loro? Saranno licenziati perché in soprannumero?[5]
Amministratore delegato	No, la nostra azienda non agisce mai in questo modo. Prenderemo in esame la possibilità della riduzione naturale della forza lavoro e dei pensionamenti anticipati a tutti i livelli dell'azienda; nessun dipendente sarà licenziato a causa della chiusura di questo impianto. Chiaramente, alcuni dipendenti dovranno essere ridistribuiti ad altri settori dell'azienda,[6] e ci saranno probabilmente delle possibilità nel nuovo stabilimento per alcuni tecnici specializzati disposti a trasferisi.
Giornalista	Come riorganizzerete il resto dello staff?[7] Avrebbero diritto al rimborso di parte delle spese di trasloco se acconsentissero a trasferirsi ad altri impianti?
Amministratore delegato	Chiaramente se accettassero il trasferimento metteremmo a loro disposizione un package di agevolazioni: questa è la nostra prassi.[8]

The following alternatives may be used:
1 *Per questo motivo*: *Per questa ragione*;
2 *il nuovo complesso*: *il nuovo impianto, il nuovo stabilimento, la nuova fabbrica*;
3 *vantaggi*;
4 *E il personale attualmente impiegato*: *Ed i dipendenti attualmente impiegati*;
5 *in soprannumero*: *esuberanti*.
6 Literally, *will have to be redistributed to other departments of the company.*
7 *Staff* is used in Italian. Alternatives of *dello staff*: *del personale, dei dipendenti*.
8 Alternative: *procedura abituale*.

(b) Development

Personnel manager	So, as we have seen during the last half-hour, the prospects for the next few years are quite encouraging. We now need to consider precisely how we are going to develop policies to benefit the firm and its employees.
Managing director	Can I just add before you continue, Alan, that the Board will be taking very seriously whatever conclusions are drawn by this group today. So it is essential that people speak their mind.
Personnel manager	Thanks for confirming that, Victor. Frankly, recent EC legislation means that our profit margins can be increased as long as we take into account from the start matters like Health and Safety, employee compensation, maternity benefits etc. These items, that normally and quite properly cost our company a percentage of raw profits, can be reclaimed if fully documented.
Financial director	Well, that's good news as in the past we've never been able to prepare very well for this sort of cost to the company.
Personnel manager	I am proposing, therefore, that we create a small unit within the company to cover the full range of benefits that can accrue to us under the new provisions. In addition to this, we should be able to demonstrate to the workforce that by our observing these criteria they too will have an enhanced status. Before I continue with my next subject, are there any questions?
Sales manager	Alan, can anyone guarantee that our current level of sales is sustainable? What you are saying about the interests of the workforce and those of the company as a whole being convergent seems to me a rather optimistic interpretation.
Personnel manager	We've commissioned a report on this very question, so as long as everybody is prepared to wait for a week or two longer I should be able to give you an honest answer. Frankly, whatever the precise outcome of that report, we have to make plans for a future in which we balance the financial wellbeing of the firm with that of all the individuals who work in and for it.

(b) Sviluppo

Direttore del personale	Dunque, come abbiamo visto durante quest'ultima mezz'ora, le prospettive per i prossimi anni sono piuttosto incoraggianti. Dobbiamo ora considerare precisamente in che modo intendiamo sviluppare i nostri piani d'azione così che[1] sia la società che i dipendenti ne traggano beneficio.[2]
Amministratore delegato	Mi permetta di[3] aggiungere, prima che lei proceda, Alberto, che il Consiglio d'amministrazione prenderà in seria considerazione qualsiasi conclusione tratta dal gruppo riunito qui oggi. È perciò indispensabile che ciascuno di voi esprima il proprio parere.[4]
Direttore del personale	Grazie per averlo sottolineato Victor. Francamente in seguito alla recente entrata in vigore delle leggi dell'Unione Europea, i nostri margini di profitto possono essere incrementati purché teniamo in considerazione da tutto principio aspetti quali prevenzione degli infortuni,[5] retribuzione dei dipendenti, assegni di maternità, ecc. Questi elementi che normalmente e, direi, del tutto correttamente, costano alla nostra azienda una percentuale degli utili lordi, possono essere riscattati[6] se esattamente attestati.
Direttore Ufficio Finanziamenti	D'accordo. Questi sono dati positivi, anche perché in passato non siamo mai riusciti ad organizzarci bene in previsione di spese di questo genere.
Direttore del personale	Proporrei perciò la creazione di una piccola unità all'interno dell'azienda responsabile dell'esame dell'intera gamma di indennità che possono spettarci secondo i nuovi provvedimenti. Oltre a questo, dovremmo essere in grado di dimostrare alla nostra forza lavoro che, osservando[7] questi criteri, anche la posizione dei dipendenti sarà migliore. Prima di passare al prossimo argomento, ci sono delle domande?
Direttore commerciale	È possibile garantire la sostenibilità del nostro attuale livello di vendite? La sua interpretazione mi sembra alquanto ottimistica quando lei afferma che gli interessi dei dipendenti e quelli della società siano convergenti.
Direttore del personale	Abbiamo ordinato la stesura di un rapporto proprio a questo riguardo, così se sarete disposti ad attendere una o due settimane, potrò darvi una risposta sincera. Francamente, qualunque sia il[8] risultato del rapporto, dobbiamo pianificare per un futuro in cui dovremo controbilanciare il benessere finanziario della società con quello dei singoli che lavorano nell'azienda e per l'azienda.

1 also spelt *cosicché*. The following alternatives may be used: 2 *sia la società che i dipendenti ne traggano beneficio*: *in modo giovevole sia per la società che per i dipendenti*; 3 *Mi permetta di*: *Vorrei*; 4 *esprima il proprio parere*: *parli chiaro, dica quello che pensa*; 5 *prevenzione degli infortuni*: *normative antinfortunistiche*; 6 *ricuperati*; 7 *osservando*: *aderendo a, con l'osservanza di, con il rispetto di*; 8 *qualunque sia il*: *a prescindere dal*.

(c) Staffing

Meeting between the personnel manager and a trade union representative

Personnel manager	I've called you in to tell you about our proposed staff changes.
TU representative	Yes, I know. I understand that you're planning compulsory redundancies.
Personnel manager	No, that's not the case, but we must rationalize the whole personnel organization.
TU representative	Can you tell me why?
Personnel manager	Everyone knows why: production costs have been increasing because of outmoded plant. We've taken the decision to close one of our older plants.
TU representative	Has it been decided which one?
Personnel manager	We have a choice of either Sheffield or Gloucester. The precise figures are being worked out.
TU representative	And what happens to the workforce?
Personnel manager	We'll propose voluntary redundancies and early retirements. That should reduce the problem considerably.
TU representative	But not fully. You'll have to lay people off.
Personnel manager	We don't think so. The staff remaining after redundancies and early retirement can be relocated. We have other plants within 20 miles of both Sheffield and Gloucester. We're talking about streamlining production, not cutting it back.
TU representative	So what will be the total reduction in the workforce?
Personnel manager	In the region of 200 to 250.
TU representative	And when are the changes being made?
Personnel manager	We're hoping to have them complete by the end of January.
TU representative	Has it been discussed at board level yet?
Personnel manager	Of course – the board gave its approval last week. That's why we're moving on it now.

(c) Personale

Incontro fra il direttore del personale e un sindacalista

Direttore del personale	Le ho chiesto di venire per parlarle dei cambiamenti previsti riguardanti il personale.
Sindacalista	Sì, lo so. Mi risulta che vogliate proporre licenziamenti obbligatori dei dipendenti esuberanti.[1]
Direttore del personale	No, non è il caso, ma dobbiamo razionalizzare l'intero settore personale.
Sindacalista	E per quale motivo?
Direttore del personale	Il motivo è risaputo:[2] i costi di produzione hanno subìto un costante aumento a causa di impianti antiquati. Abbiamo preso la decisione di chiudere uno degli stabilimenti più superati.[3]
Sindacalista	È stato già deciso quale in particolare?
Direttore del personale	La scelta è tra Carbonia o Ostia. Le cifre relative sono in fase di calcolo attualmente.
Sindacalista	E cosa succederà agli operai?
Direttore del personale	Proporremo esuberanze del personale e pensionamenti anticipati.[4] In tal modo dovremmo riuscire a ridurre considerevolmente il problema.
Sindacalista	Ma non del tutto. Dovrete fare dei licenziamenti.
Direttore del personale	Non pensiamo che sia necessario. Il personale rimasto dopo gli esuberi ed i pensionamenti potrà essere trasferito ad altri settori. Abbiamo altri stabilimenti nel raggio di trenta chilometri sia di Carbonia che di Ostia. Stiamo considerando il ridimensionamento[5] della produzione e non la riduzione.
Sindacalista	Allora quale sarà la riduzione totale dell'organico?[6]
Direttore del personale	Fra duecento e duecento cinquanta unità.
Sindacalista	E quando saranno messi in atto i cambiamenti?
Direttore del personale	Contiamo entro la fine di gennaio.
Sindacalista	Sono stati già discussi dal consiglio d'amministrazione?
Direttore del personale	Naturalmente; il consiglio d'amministrazione li ha approvati la settimana scorsa. Ecco perché adesso possiamo procedere.

The following alternatives may be used:

1 *esuberanti: in soprannumero, sovrabbondanti, eccedenti;* 2 *è risaputo: è arcinoto, lo sanno tutti;* 3 *superati: vecchi, antiquati, di vecchia data;* 4 *prepensionamenti;* 5 *il ridimensionamento: lo snellimento, l'ottimizzazione;* 6 *dell'organico: della forza lavoro, della manodopera.*

(d) Sales policy

Chairman	I am pleased to open this first Board Meeting following our change of parent company. The first item on the agenda is sales policy. Over to you, Charles.
Charles	Thank you, Mr Chairman. I am instructed by the main board of our parent company to plan, with you, the introduction of a new sales policy.
Director 2	What view is taken of our existing policy? Too expensive?
Charles	In a nutshell, yes. The company's product lines are mostly good but the sales operation could be improved.
Director 2	I am not surprised. I have thought for some time that we have too large a sales force in too many regions.
Charles	What you have just said brings me to one of the proposals I have. To redraw the regions and slim down the workforce.
Director 2	By redundancy or natural wastage?
Charles	Probably a bit of both would be necessary. Also some concern has been expressed about the size of the advertising budget.
Director 3	Hear, hear. For a company with good products we do a hell of a lot of advertising.
Charles	I gather it is proposed, subject to this board's approval, to appoint a top class Marketing Manager with the remit to review the whole operation.
Director 2	Is a system of dealerships on the cards?
Charles	Nothing is excluded based on the premise of a need to rationalize the sales operation.

(d) Politica aziendale di vendita

Presidente	Ho il piacere di aprire questa prima riunione del Consiglio d'amministrazione dopo il rilevamento[1] della nostra società da parte della nuova casa madre.[2] Il primo punto all'ordine del giorno è la politica delle vendite. Carli, prego!
Carli	La ringrazio, signor presidente. Sono stato incaricato dal consiglio d'amministrazione della nostra società madre di pianificare con voi l'introduzione di una nuova politica delle vendite.
2° Consigliere Delegato	Come è considerata la nostra politica attuale? È troppo costosa?[3]
Carli	In poche parole, sì. Le linee di prodotti della società sono complessivamente[4] buone, ma l'operazione delle vendite potrebbe essere migliorata.
2° Consigliere Delegato	Non mi sorprende. Da parecchio tempo mi rendo conto che in troppe regioni abbiamo una forza di vendita troppo numerosa.[5]
Carli	Quanto lei ha detto mi riconduce ad una delle mie proposte: la riorganizzazione delle regioni e la riduzione della forzalavoro.
2° Consigliere Delegato	Tramite esuberi o riduzione naturale del personale?
Carli	Forse ci vorranno entrambi.[6] È stata anche espressa una certa inquietudine sulle dimensioni del budget pubblicitario.[7]
3° Consigliere Delegato	Son d'accordo. Per una società che produce prodotti di buona qualità facciamo un sacco di pubblicità.
Carli	Mi risulta che la proposta, soggetta all'approvazione di questo Consiglio, sia di incaricare un direttore dell'ufficio marketing d'alto livello con il compito[8] di esaminare l'intera operazione.
2° Consigliere Delegato	È previsto un sistema di concessionarie?[9]
Carli	Non si esclude nessuna possibilità sulla base del bisogno di razionalizzazione delle operazioni di vendita.

1 *Rilevamento* means *takeover, acquisition.*
The following alternatives may be used:
2 *casa madre: società madre* and *società di controllo;*
3 *costosa: cara;*
4 *complessivamente: perlopiù* or *per lo più;*
5 *forza di vendita troppo numerosa: troppi addetti alle vendite;*
6 *entrambi: sia gli uni che l'altra, tutt'e due;*
7 *budget della pubblicità: budget delle spese pubblicitarie, stanziamento pubblicitario;*
8 *con il compito: con la mansione.*
9 *Concessionarie* are *car dealerships.* For products other than cars *rivenditori autorizzati, dettaglianti.*

36 Visiting the bank manager

Bank Manager	Good morning, Mrs Brunson. I'm pleased to see you again.
Mrs Brunson	Good morning, Mr Green. I have come to discuss our business plan with you. Our turnover has risen by 40 per cent for the last three years and our products have been selling really well. We'd like to open another shop in Loughborough.
Bank Manager	Well, Mrs Brunson, I have followed the success of your company. Our bank has been very happy to support its development. Your firm has always stayed within the overdraft limits granted to it by the bank. How might we help you now?
Mrs Brunson	We're having to plough back most of our profits into the business in order to finance our growth. We've done market research in Loughborough and are convinced that it will be a success, what with Loughborough being a university town. What I've come to discuss with you is a loan to finance the lease of a shop and to buy start-up stock.
Bank Manager	I'm sure the bank will be willing in principle to finance your business's future growth. If you send me your proposal for the shop in Loughborough, with details of the amount you wish to borrow, cash flow projections – in brief, all the usual information – I will consider it as quickly as possible.
Mrs Brunson	Thank you very much. I'll send you our proposal in the next few days.

36 Colloquio con il direttore della banca[1]

Direttore	Buongiorno, signora Brunsoni. Son lieto di rivederla.
Marta Brunsoni	Buongiorno, dottor Verga. Sono venuta per discutere con lei il nostro piano commerciale; negli ultimi 3 anni il nostro giro d'affari è salito[2] del 40% e i nostri prodotti vendono veramente bene. Vorremmo aprire un altro negozio a Pavia.
Direttore	Dunque, signora Brunsoni, ho seguito il[3] successo della sua ditta e la nostra banca è stata particolarmente felice di sostenerne lo sviluppo. La sua ditta ha sempre rispettato i limiti dello scoperto[4] accordatole dalla banca. In che modo possiamo assisterla stavolta?
Marta Brunsoni	Per finanziare il nostro sviluppo ci troviamo costretti attualmente a reinvestire nella società la maggior parte dei nostri profitti. Abbiamo effettuato una ricerca di mercato a Pavia e siamo convinti della riuscita di un negozio lì, anche perché Pavia è una città universitaria. Sono venuta da lei per discutere con lei la concessione di un prestito per finanziare la locazione di un negozio e per acquistare lo stock iniziale[5] di merci.
Direttore	Sono sicuro che la banca sarà disposta in teoria a finanziare lo sviluppo futuro della sua società. Se vuole inviarmi la proposta per il negozio di Pavia, comprendente dati particolareggiati[6] sull'ammontare[7] che vorrebbe prendere in prestito, sul cash-flow[8] previsto, insomma, tutte le solite informazioni, la prenderò in considerazione quanto prima.[9]
Marta Brunsoni	La ringrazio. Le farò pervenire la nostra proposta nei prossimi giorni.

1 In this instance, it would be more likely to be *direttore di filiale di banca* (bank branch manager).
The following alternatives may be used:
2 *salito: aumentato;*
3 *ho seguito: mi sono interessato del;*
4 *dello scoperto: del credito allo scoperto;*
5 *stock iniziale: scorte di avviamento, giacenze iniziali;*
6 *dati particolareggiati; dettagli;*
7 *sull'ammontare: sul totale complessivo, sulla cifra, sulla somma;*
8 *cash-flow: flusso di cassa;*
9 *quanto prima: appena possibile.*

37 Selling a service to a client

Teresa Allison	Good morning, Mr Tolson. I'm Teresa Allison from P and G Computer Maintenance Services. You answered one of our ads in the *Evening Mail*, so I have come to fill you in on what we have to offer to small businesses.
Mr Tolson	Ah yes, thank you for coming so soon. As you can see, we recently purchased a computer system to maximize our efficiency in dealing with orders.
Teresa Allison	I assume that you have an initial service contract on the machines, but once that runs out you would be best advised to take out a plan like ours. We can provide a 24-hour breakdown cover, three-monthly servicing, immediate replacement of faulty equipment, regular updating of your software and a free consultancy service for the duration of the contract.
Mr Tolson	It sounds a good deal, but what are the conditions of payment? Is it possible to pay monthly via a standing order or does it have to be a lump sum?
Teresa Allison	You can pay either way, as long as your bank can guarantee that your account will bear it. Let me leave you some brochures to read at your leisure; you'll be able compare our prices and conditions with others, though I can assure you that it's the most favourable deal available at present.
Mr Tolson	OK, fair enough. Can you give me a ring in about a week and I'll let you know what I think.
Teresa Allison	I certainly will. Give me your number and I'll be in touch early next week.

37 Vendita di un servizio ad un cliente

Teresa Amasio	Buongiorno, signor Tozzi. Sono Teresa Amasio della PGD Italia, Centro Assistenza e Manutenzione di computers. Lei ha risposto a una delle nostre inserzioni pubblicate nel *Giornale Sera*. Per questo motivo sono venuta ad illustrarle quello che offriamo alle piccole imprese.
Sig Tozzi	Ah, sì. Grazie per la rapidità con cui è venuta. Come vede, abbiamo recentemente acquistato un sistema di elaborazione dei dati[1] per massimizzare[2] l'efficienza con cui gestiamo le ordinazioni.[3]
Teresa Amasio	Presumo[4] che abbiate un contratto iniziale di assistenza per i computers, ma quando questo scade, fareste bene a sottoscrivere un programma come il nostro. Siamo in grado di fornire assistenza in caso di guasto 24 ore su 24, manutenzione con scadenza trimestrale, sostituzione immediata di apparecchiature difettose, aggiornamento regolare del software ed un servizio gratuito di consulenza per l'intera durata del contratto.
Sig Tozzi	Le condizioni sembrano eccellenti, ma quali sono i termini di pagamento? È possibile effettuare dei pagamenti ricorrenti mensili tramite ordine bancario permanente[5] o l'importo deve essere versato tutto in una volta?[6]
Teresa Amasio	Può pagare in ambedue[7] i modi, purché la sua banca possa garantire la copertura del suo conto. Mi permetta di darle degli opuscoli che potrà leggere con comodo;[8] potrà confrontare[9] i nostri prezzi e termini con quelli di altre società, anche se posso assicurarle che si tratta dell'offerta più vantaggiosa attualmente disponibile.
Sig Tozzi	Sì, sì, d'accordo. Mi telefoni fra una settimana circa e le farò sapere cosa ne penso.
Teresa Amasio	Senz'altro! Mi dia il suo numero di telefono e la contatterò all'inizio della settimana entrante.

The following alternatives may be used:
1 *sistema di elaborazione di dati: sistema informatico;*
2 *massimizzare: accrescere al massimo;*
3 *le ordinazioni: gli ordinativi, ordini.*
4 *suppongo;*
5 *ordine permanente: commessa continuativa;*
6 *tutto in una volta: a forfait;*
7 *ambedue: entrambi;*
8 *con comodo: quando ha un attimo libero;*
9 *confrontare: paragonare, raffrontare.*

38 Selling a product to a client

Salesman	This motor is a good buy at this price, sir, if you prefer not to buy new.
Max Chancellor	It certainly looks to be in immaculate condition. About two years old is it?
Salesman	Eighteen months. It only has 6,000 miles on the clock.
Max Chancellor	That's unusual isn't it? Who was the previous owner?
Salesman	It's been a demonstration model. That explains the complete lack of any dents and no rust of course.
Max Chancellor	What sort of discount could I have? Can you offer a hire purchase deal?
Salesman	We are offering a 5 per cent discount off the list price and you could repay over one or two years.
Max Chancellor	That sounds quite interesting. And you would offer me the trade-in price for my present car that we discussed earlier.
Salesman	Yes indeed, sir. Would you like to go for a spin?

38 Vendita di un prodotto ad un cliente

Commesso	Quest'auto è una vera occasione a questo prezzo, se preferisce non acquistarne una nuova.
Massimo Cancelli	Sembra davvero in condizioni perfette. Ha sui[1] due anni?
Commesso	Un anno e mezzo. Ha fatto soltanto 16 mila chilometri.
Massimo Cancelli	Sembra un po' strano, non le pare? A chi apparteneva?[2]
Commesso	È stata usata come modello di showroom. Il che spiega la totale assenza di ammaccature nella carrozzeria e di ruggine.
Massimo Cancelli	Che tipo di sconto potreste farmi? È possibile l'acquisto rateale?[3]
Commesso	Offriamo uno sconto del cinque per cento sul prezzo di listino e il pagamento può essere effettuato a rate in uno o due anni.
Massimo Cancelli	Mi sembra piuttosto interessante. E mi offrirebbe il prezzo di permuta per la mia macchina attuale di cui abbiamo discusso prima?
Commesso	Certamente. Vorrebbe fare un giretto di prova?

The following alternatives may be used:
1   *sui*: pressapoco, all'incirca, più o meno;
2   Chi era il proprietario, Di chi era;
3   *rateale*: a rate.

39 Giving an informal vote of thanks

Speaker   Ladies and gentlemen, I'd like to take this opportunity of thanking
Leonard White and his colleagues for arranging the seminar over the
last few days. I'm sure we've all found it most interesting and
stimulating, and that we will all go back to our work enriched by what
we have learnt in this meeting.

   I'd like to thank Leonard White and his colleagues for their
hospitality over the last two evenings, and I'm sure I speak for all of
us when I say that the seminar has been a great success.

   As you all know, we intend to hold a similar seminar next year at
our headquarters, and that will give us the opportunity to return the
hospitality. Thanks again, Leonard and colleagues, for a most
successful event.

39 Ringraziamento informale

Oratore Signore e signori, vorrei cogliere questa occasione[1] per ringraziare Leonardo Bianchi ed i suoi colleghi per aver organizzato il seminario[2] che si è tenuto negli ultimi giorni. Sono sicuro che tutti noi abbiamo trovato questo seminario estremamente interessante e stimolante, e che ritorniamo alle nostre attività arricchiti da quanto abbiamo appreso partecipando a questo incontro.

Vorrei inoltre ringraziare Leonardo Bianchi ed i suoi colleghi per la loro ospitalità nel corso delle ultime due serate e sono sicuro di esprimere il parere di ciascuno di noi quando affermo che questo seminario ha avuto un grande successo.

Come sapete, intendiamo organizzare un simile corso di aggiornamento l'anno prossimo nella nostra sede principale[3] e potremo in tal modo restituire l'ospitalità accordataci.[4] Grazie ancora a Leonardo Bianchi e colleghi per una manifestazione di grande successo.

The following alternatives may be used:
1   *opportunità;*
2   *seminario: corso di aggiornamento;*
3   *sede principale: sede centrale;*
4   *accordataci: dataci.*

40 Discussing contracts

(a) Sales conditions

Client I'm pleased to inform you that we are prepared to include your company as one of our suppliers. Before we sign an agreement, we need to agree on terms and conditions.

Supplier We're delighted. What in particular do we need to agree?

Client Firstly, our terms of payment are 20 per cent on receipt of the goods and the remainder within 90 days.

Supplier We normally expect to be paid in full within 60 days, but if we can have a two-year agreement, we could accept your conditions.

Client Fine. We also want a 10 per cent discount for orders of over 5,000 parts. Deliveries must also be made by the specified date, with penalties for late delivery. I think you've been given some details.

Supplier Yes, and I can assure you that we are accustomed to just-in-time delivery. I'm sure that you know already that we offer good service at a good price. We're ready to sign.

Client That's good. I have the agreement here.

40 Discussioni sui contratti

(a) Condizioni di vendita

Cliente	Sono lieto di comunicarle che siamo disposti ad includere la vostra società fra i nostri fornitori.[1] Prima di firmare l'accordo dobbiamo accordarci sulle condizioni.
Fornitore	Siamo felicissimi. Su cosa dobbiamo metterci d'accordo in particolare?
Cliente	Innanzi tutto queste sono le nostre condizioni di pagamento: 20% al ricevimento della merce e 80% entro 90 giorni.
Fornitore	In genere esigiamo il versamento a saldo[2] entro 60 giorni, ma potremmo accettare le vostre condizioni se il contratto fosse per due anni.
Cliente	D'accordo. Per ordini di oltre cinque mila unità vogliamo anche uno sconto del 10%. Le consegne devono inoltre essere effettuate entro le date specificate, e prevediamo il pagamento di penali in caso di consegna in ritardo. Mi sembra che abbia già dei dati su questo.
Fornitore	Sì, e posso assicurarle che siamo abituati alla consegna just-in-time. Saprà già che offriamo un ottimo servizio ad un prezzo eccellente. Siamo pronti a firmare.
Cliente	Benissimo. Ho l'accordo qui con me.

1 Alternative to *fra i nostri fornitori*: *fra le nostre ditte fornitrici*.
2 Alternative to *il versamento a saldo*: *il saldo*.

(b) Payment conditions

Client   When will I be required to complete the payment of the instalments on the new equipment?

Supplier   There are several plans under which you have maximum flexibility of conditions. Obviously, you can pay the full amount in a one-off sum, which would mean a substantial saving overall as interest costs are always high in the transport sector.

Client   Suppose I could pay you 50 per cent of the total cost now, what sort of arrangements would best suit us both for the other half over a couple of years?

Supplier   That would depend on how we structure our own borrowing requirement, but in principle there is no reason why payments cannot be adjusted exactly to suit your circumstances.

Client   Fine. Can you give me a few days to discuss this with my accountant? If the bank is willing to lend me more than I had first thought, it may be possible for me to buy outright.

Supplier   Why not? With general interest rates as they are it could be worth risking a big outlay. Remember: either way we can help as our own finances are secured by the parent company.

Client   Thanks for confirming this point. I'll let you know ASAP.

(b) Condizioni di pagamento

Cliente	Quando dovrò finire di pagare le rate per il nuovo impianto?
Fornitore	I piani disponibili sono diversi e le offrono la massima flessibilità. Naturalmente può pagare l'importo totale[1] in un unico versamento, che rappresenterebbe un risparmio complessivo considerevole dato l'alto livello dei tassi d'interesse nel settore del trasporto.
Cliente	Supponiamo che possa versarvi il 50% del costo totale adesso, quali modalità di pagamento sarebbero accettabili sia per voi che per me per il versamento del rimanente 50% in un periodo di due-tre anni?
Fornitore	Dipenderebbe da come strutturiamo il nostro fabbisogno finanziario, ma in principio non vedo perché i pagamenti non possano essere opportunamente modificati per soddisfare in pieno le sue esigenze.
Cliente	Va bene, mi permetta di discuterne con il mio contabile per qualche giorno. Se la mia banca è disposta a concedermi un prestito più alto di quello che avevo inizialmente previsto, mi sarà probabilmente possibile effettuare l'acquisto tutto in una volta.
Fornitore	Prego. Dato l'alto livello dei tassi d'interesse attuali forse varrebbe la pena rischiare una spesa elevata. E non dimentichi che in entrambi casi possiamo assistervi perché i nostri finanziamenti sono garantiti dalla nostra casa madre.
Cliente	Grazie per averlo ribadito. Le farò sapere quanto prima.

1 Alternatives to *l'importo totale*: *l'ammontare, la somma.*

(c) Breach of contract

Client	Well, here we have the order contract that you wanted to discuss.
Supplier	Yes, thanks. The paragraph I wanted to look at was this one, 9b.
Client	Is there a problem?
Supplier	It indicates that non-delivery of the goods within three days of the date indicated constitutes breach of contract, and the order can be cancelled.
Client	It is a clause of our normal contract. Would you have a problem with that?
Supplier	I find it a bit unusual.
Client	We've had to introduce it, because in the past we had lots of problems with suppliers missing the delivery dates by weeks. We lost a lot of customers because of that. Since we introduced the modified contract we've had far fewer problems with delay.
Supplier	Is it possible to vary it a little?
Client	In what way?
Supplier	Well, I find three days very restrictive. We'd be much happier with one week.
Client	I'm sure you would! Any particular reason? Have you had difficulties meeting dates in the past?
Supplier	Only rarely, but it does happen. And it's usually because a supplier has let us down. I'd like to modify that paragraph a bit, to give us a little more time.
Client	I'll have to consult with our manager. I'll get back to you in the next 24 hours.
Supplier	Thanks.

(c) Violazione di contratto[1]

Cliente	Dunque, ecco il contratto dell'ordine che voleva esaminare.
Fornitore	Sì, grazie. Il paragrafo a cui volevo dare uno sguardo è questo, 9b.
Cliente	C'è qualcosa che non va?
Fornitore	C'è scritto che la mancata consegna della merce entro tre giorni dalla data indicata costituisce un'inadempienza contrattuale, e l'ordine può essere annullato.
Cliente	È una clausola inclusa nel nostro contratto normale. Pensa che le provocherebbe dei problemi?
Fornitore	La trovo un po' singolare.
Cliente	Abbiamo dovuto introdurla, perché in passato abbiamo avuto tante difficoltà con fornitori che consegnavano la merce settimane dopo le date stabilite. E per questo motivo abbiamo perso tanti clienti. Da quando abbiamo introdotto il contratto modificato sono diminuiti i problemi dovuti ai ritardi delle consegne.
Fornitore	È possibile modificare questa clausola in parte?
Cliente	In che modo?
Fornitore	Trovo il limite di tre giorni molto limitante. La mia società preferirebbe un limite di una settimana.
Cliente	Non lo metto in dubbio! Per quale motivo? Avete avuto difficoltà nel rispettare le date di consegna?
Fornitore	Solo raramente, ma a volte può succedere. E in genere succede perché un fornitore è venuto meno al suo impegno. Vorrei modificare leggermente quel paragrafo, per darci un po' di tempo in più.
Cliente	Dovrò interpellare il nostro manager. Le farò sapere nelle prossime ventiquattro ore.
Fornitore	Grazie.

1   Alternative to *violazione di contratto*: *inadempimento di contratto*.

41 Meeting visitors at the airport

John Andrew   Messrs Martin and Bertot from Toulouse?

M. Martin   Are you Mr Andrew from Perkins Industrial?

John Andrew   Yes, hello. I am glad to hear that you speak English, I was trying to remember my schoolboy French on the way to the airport.

M. Martin   My colleague Bertot cannot speak English I am afraid, so you may need some of your schoolboy French, or perhaps an interpreter, when we come to discuss the contract.

John Andrew   Right, I'll see to it. Are these your bags? My car is just outside. Did you have a good journey?

M. Martin   Fairly good. For some reason our flight from Toulouse to Paris was delayed so we nearly missed the Paris–Birmingham flight.

John Andrew   I am sure our Chairman will be pleased that you made it. We have high hopes for our proposed deal. Would you like to have a coffee before we leave the airport?

M. Martin   Don't worry, we had a meal during the flight.

John Andrew   Before we get back to talking shop can I just ask you what time you need to check in for this evening's return flight?

41 Incontro con ospiti all'aeroporto

Andreata	Signori Martin e Bertot di Tolosa?
Martin	Lei è il signor Andreata della Mursi Industriale?
Andreata	Sì, buongiorno. Mi fa piacere che parli l'italiano; venendo all'aeroporto ho cercato di ricordare il francese che ho imparato a scuola.
Martin	Il mio collega Bertot non parla l'italiano, e perciò dovrà usare un po' del suo francese scolastico, o magari un interprete, per la discussione sul contratto.
Andreata	D'accordo, lo farò. Questi sono i loro bagagli? La mia macchina è qui vicino. Hanno fatto buon viaggio?
Martin	Abbastanza. Per qualche motivo il volo da Tolosa a Parigi è partito in ritardo e abbiamo quasi perso la coincidenza con il volo Parigi–Torino.
Andreata	Sono sicuro che il nostro presidente sarà molto contento che siano venuti. Le nostre aspettative per il previsto accordo sono alte. Gradiscono un caffè prima di uscire dall'aeroporto?
Martin	No, non importa; abbiamo fatto colazione in aereo.
Andreata	Prima che continuiamo a parlare d'affari, posso chiedere a che ora devono presentarsi per il check-in del volo di ritorno stasera?